图画通识丛书
A Graphic Guide

伦理学

Introducing
Ethics

戴维·罗比森（Dave Robinson）/ 文

克里斯·加拉特（Chris Garratt）/ 图

郭立东 / 译

三联书店

图书在版编目（CIP）数据

伦理学 /（英）罗比森文 ;（英）加拉特图 ; 郭立东译 ; 一北京：
生活·读书·新知三联书店，2016.2（2025.5 重印）
（图画通识丛书）
ISBN 978 – 7 – 108 – 05051– 9

Ⅰ. ①伦⋯　Ⅱ. ①罗⋯ ②加⋯ ③郭⋯　Ⅲ. ①伦理学　Ⅳ.

中国版本图书馆 CIP 数据核字（2014）第 181197 号

责任编辑　樊燕华
装帧设计　朱丽娜　张　红
责任印制　卢　岳
出版发行　**生活·讀書·新知** 三联书店
　　　　　北京市东城区美术馆东街 22 号
邮　　编　100010
网　　址　www.sdxjpc.com
图　　字　01-2019-1741
经　　销　新华书店
排版制作　北京红方众文科技咨询有限责任公司
印　　刷　北京隆昌伟业印刷有限公司
版　　次　2016 年 2 月北京第 1 版
　　　　　2025 年 5 月北京第 4 次印刷
开　　本　787 毫米 × 1092 毫米　1/32　印张 5.75
字　　数　93 千字
印　　数　12,001- 15,000 册
定　　价　28.00 元

（印装查询：010-64002715；邮购查询：010-84010542）

目　录

道德问题

　　每个人都对伦理学感兴趣。关于什么是对和什么是错以及如何区分对错，我们都有自己的见解。哲学家和主教们在电台里讨论"道德迷宫"。人们不再按他们该做的去行动。

这个国家正处于道德衰败状态，对权威的尊重不复存在。

我们需要"道德使命宣言"。

我们必须"回归基础"。

后现代相对主义把我们带进不确定性和道德失序的噩梦。

　　我们是这样被告知的。但"道德恐慌"其来有自。柏拉图在公元前4世纪的时候认为，由于智者派哲学家邪恶的道德怀疑论和他的同胞的轻信，雅典被败坏了。

社会存在

我们都是特定社会的产物。并非"自我造就"。那些被我们当作"个性特征"和"个人观点"的东西，其实很多都要归因于我们生活于其中的共同体。亚里士多德对此非常明白。在亚里士多德看来，国家的首要功能是使集体主义的人类能进行哲学讨论，并最终就共同的伦理法规达成一致。

人是天生的政治动物。生活于国家之中是他的天性。

可是一旦成熟，我们中的大多数就会开始质疑造就了我们的社会，并且以一种仿佛是我们独有的方式来这么做。苏格拉底强调这实际上是我们的责任。

对公认的道德观点提出问题，并且永无休止。

国家可以决定什么在法律上是对的，什么在法律上是错的，但**法律**和**道德**不是一回事。

共同体主义者还是个人主义者?

　　伦理学之所以复杂，是因为我们的道德是被承继的传统和个人观点的奇妙混合。

有些哲学家强调共同体的重要性，并把个人伦理学看作是派生的。

其他哲学家会强调自律的个体的重要性，并主张社会只是一种必须顺从于个人目的和野心的便利安排。

　　但是，无论是**个体主义**哲学家还是**共同体主义**哲学家，都不愿把伦理规范解释为不过是被成员一致同意并形式化了的"俱乐部规则"。他们都想通过诉诸某种"中立"的理想集合，来使共同的伦理或者对个人道德的需要合法化。本书的很大一部分都与这种为伦理提供基础的不同尝试相关。

场景设置

十个中心问题

让我们像哲学家所做的那样，从问一些古怪而棘手的问题开始。这些问题都很重要，即便对它们很少有清晰明确的回答。

在道德法则和社会的法律之间有某种差别吗？如果有，这是为什么？

人类的真实面目到底是怎样的？是自私而贪婪的，还是慷慨而友善的？

有些人在道德上比其他人"更好"吗？抑或每个人达到善的能力是同等的？

有好的方法教孩子道德地行事吗？

有谁有权利告诉另一个人什么是善良，什么是邪恶吗？

存在着某种总是错误的行为（像虐待儿童）吗？如果有，是什么样的行为？

对于"为什么我应该做一个好人"这个问题，你认为什么是最好的回答？

伦理学是一种特殊的知识吗？如果是，它是何种知识？我们如何掌握它？

道德是关于遵守一系列规则？还是关于仔细思考后果？

当人们说"我知道谋杀是错误的"时，他们到底是知道它是错的，还是只是强烈地相信这一点？

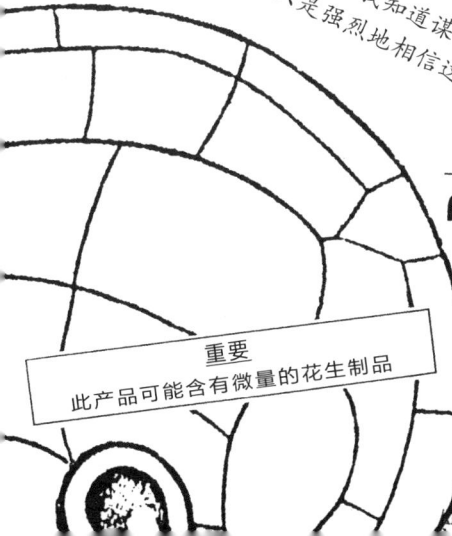

重要
此产品可能含有微量的花生制品

'Vegeta...

ase raises doubts over doctors'
...bility to diagnose 'brain deaths'

...e Dyer
...l Correspondent

...MAN who for seven
years was thought to
be in the same per-
manent unconscious
...e as the "right to die"
...lsborough victim. Tony

the north of England dis-
cussed asking the High Court
to sanction the withdrawal of
the artificial feeding keeping
him alive. But his wife was
implacably opposed and the
idea was not pursued, al-
though relatives have no
right legally to veto doctors'
...decisions in such

...ano
...abo
...aga...
die...

...mus
...tal,
...nose
via
how
nigh
ago.
...Th
...muc

信念体系的社会起源

似乎极不可能存在着这样的社会，其中的个体成员认为谋杀他人是可接受的。虽然任何社会都偶尔会冒出古怪的连环杀手，但我们大多数人把他看作是异常的畸变，甚至看作"非人类"。

关于什么时候人可以杀死其他人，总是有规则的——通常是与内部成员敌对的外人。

所以杀死传教士可能是完全可接受的……

……但杀死邻近部族的岳父是不可接受的！

这种道德理解常常被法典化，并且受到各种宗教和法律禁忌的调整。人类似乎不愿接受道德是某种他们自己发明的东西，因而倾向于通过将道德规则的起源神话化来使之得到认可："伟大的白鹦鹉说偷盗是错误的。"这个伦理故事在一定程度上描述了这种使道德获得认可的努力。

道德与宗教

生活于西方基督教社会的大多数人会说，他们的伦理信念和行为以十条禁令为基础，这十条禁令相当费事地刻在上帝交给摩西的石板上。（十条中，只有六条是真正的伦理禁令。）

这条"对等性规则"有悠久的记录并存在于世界范围的许多不同宗教中。它有点像一份审慎的保险 —— 一种明智的处世方式，即使它并不真是耶稣所说的话。（耶稣的道德法规要激进得多，根本不是"对等的"。对那些根本不善待你的人你也要行善。这就是为什么真正的基督教精神是令人望尘莫及的。）

道德是来自宗教吗？有道德不过就是服从神的指令吗？心灵独立的个体，比如苏格拉底（在柏拉图的《游叙弗伦篇》中）说道德不只是宗教服从。这一观点的一个理由是，不同的宗教有不同的宗教指令。

> 如果你信仰这个宗教，你可以有四个妻子，而如果你信仰那个宗教，你只能有一个妻子……

> 基督教的道德指令经常看起来自相矛盾。

> 《旧约》里的上帝似乎极度反同性恋，并且不是多元论者。

> 太对了，伙计！在我之前，汝不应有其他神……因为我，你的主，你的神，是一个嫉妒的神……

无神论者和不可知论者拒绝服从任何他们认为错误的神命。宗教自身不是人类伦理信念的完善的且令人满意的基础。许多哲学家所寻求的是一种独立于宗教信仰的证成道德价值的方式。

道德与人性

另一个替代的回答是，道德不是出自外部的超自然来源，而是来自我们自身。这造成了一个一**切时代**的**大问题**。

> 人类是性本善还是性本恶？

> 什么是人性？

> 对我们来说，对一个包括了伦敦公交巡视员、喀拉哈里丛林人、圣雄甘地和阿道夫·希特勒的物种，我们有可能去定义或概括它吗？

关于伦理学的思考往往始于对人性的预设，积极的或者是消极的。例如，基督教的"原罪"观念认为我们的自然本性是"堕落的"，本质上是坏的。如果这是事实，那么是我们的社会环境和它的法律约束迫使我们所有人有道德。但是，我们大多数人不虐待孩子的理由是因为我们认为这是**错**的，而不是因为我们害怕警察的巡查。

这个消极的基督教判定是人性"被设定"观点的一个例子。有一个相反的关于人性的"浪漫"的观点，它假设人性被积极地设定为向善的。

大多数人喜欢自夸他们是选择行善，而不是"被设定"地去做这些事。

那么，难道社会与我们最基本的道德品格铸造没有什么关系？

它实际上要为许多人类的恶负责。

在不同的制度中，人可以杀害他人，因为社会鼓励他们这么做，但他们的遗传本能可能更倾向于做类似于一起踢足球或者喝啤酒这样的事。

遗传学

今天，关于人性的论证越来越集中于遗传学。像"自私基因"和"利他基因"这样的词出现在科普文章中，但是还没有人确定这些词意味着什么，或它们的全部意涵是什么。遗传学家以一种特异的方式使用"自私"这个词，所以很多人错误地假设可以从 DNA 上识别"犯罪秉性"。遗传学是一门经验科学，但是，新遗传学"事实"所激起的关于"人性"的后续论证和讨论，却充满了政治神话、意识形态论断和危险的胡言乱语。

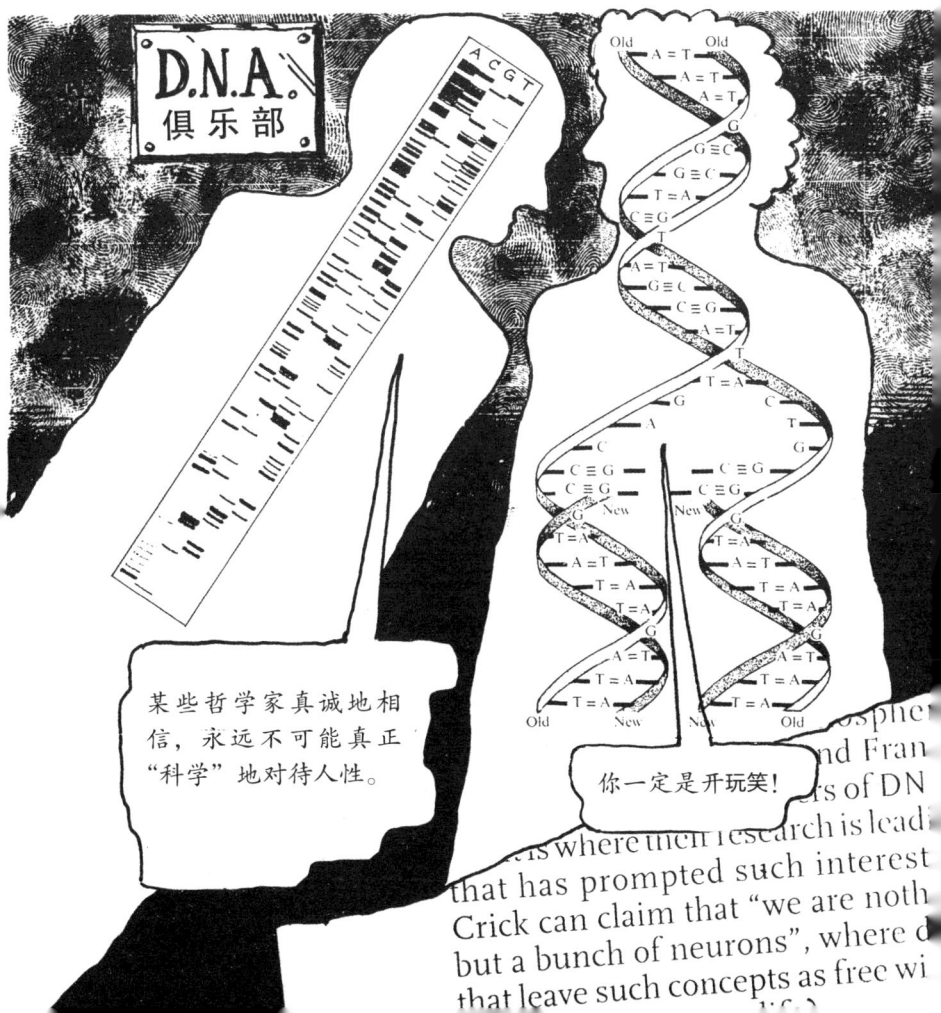

整个争论是高度玄想和非科学的。更糟糕的是，它可能是哲学家所说的**"语言魔法"**的一种。我们假设因为人类有着"好"、"坏"和"人性"这样便利的术语，所以存在着这些词所指称的真实、具体的物理实体。它们很可能像"基因"一样根本不存在。遗传学家青睐"有可能"、"倾向"和"推动"甚于"导致"或"决定"。

一个基因可能让某个人容易眩晕，这会促使他们生活于平原地区。

但它并未阻止我成为一个登山者。在我幼年时代受到足够强的社会与文化的影响，并且我有意志力。

　　谈论基因意味着古老而永远解决不了的关于"本性与习性"的争论又出现了，并且背负着所有通常的政治包袱。那些想要保持政治权力结构的人常常非常热衷**遗传决定论**。

我们有选择吗?

　　有些哲学家主张,DNA 和社会环境对于我们成为什么样的人以及我们做出什么样的道德选择影响甚微。我们几乎是完全自律的个体,在生活中做出我们自己的道德决定,因而独自为我们所做的好事和坏事负责。毕竟,如果没有自由意志,我们就和机器人相差无几,根本不可能是道德存在者。在伦理学中,"应当蕴含能够"是老生常谈。除非你假设人类有选择的自由,否则你根本不可能谈论道德。

在猫捕杀老鼠时说猫邪恶是完全没有意义的。

但我们的确认为希特勒和查理·曼森应当为他们的邪恶行为受到惩罚。

他们的基因构成和早年所处的社会环境不是他们所作所为的足够好的借口。

　　然而,这样的"常识"观点可能是幼稚和偏颇的。一个野蛮的社会常常对某些人的道德品质产生强烈的负面影响。

该责怪社会吗？

即使 DNA 对我们的道德品质影响甚微或毫无影响，或许我们仍然是我们的社会和文化环境的产物。一出生，我们是一张白纸，我们的父母、老师、同龄人、媒体和各种意识形态力量逐渐在上面书写。社会对我们道德人格的影响比起任何遗传特质来都更强烈，几乎要为一切使我们成为人或使我们有道德的事物负完全责任。这意味着，"人性"作为一种前社会存在只是荒唐虚构，谈论它纯属胡言乱语。许多社会学家持有这种观点。

没有天生的人性这种东西，只有内化了外部道德法规的公民。

它也是许多马克思主义者持有的观点，他们相信我们不过是统治阶级的意识形态的产物。

如果我坏（或好），要责怪的是社会，对吗？

人性要么彻头彻尾是**可塑的**，因而它的"伦理形态"是社会力量给予的；要么是一个**被设定的**道德软件包。令哲学家困惑的是，不同社会、不同时代持有的道德信念千变万化。

有些社会允许一夫多妻……

……有些社会把它作为非法的，并称其为重婚罪。

有些社会认为杀死和吃掉他们的祖父母是可接受的……

其他社会则把他们安置在海滨的休闲平房里。

看起来信念与价值在很大程度上是相对的。

道德相对主义

这种对伦理信念巨大多样性的承认被称为**道德相对主义**。道德信念的种种差异存在于不同国家和部族之间，但也可能存在于同一社会的不同亚文化之间，或者不同阶级之间。历史也展现出道德信念如何被时间所改变。

> 把公开的死刑当作娱乐的观念会令大多数 20 世纪的西方人惊骇……

> ……原子弹的观念会令大多数中世纪欧洲人震惊。

今天，关于堕胎，女性主义者和宗教原教旨主义者持有非常不同的道德信念。

> 对某些人，它是妇女的一项选择权……

> ……对另一些人，它是谋杀。

伦理绝对主义

　　如果这些四处流传的道德信念存在，哪一个是正确的？我们如何证明一个信念是正确的，而另一个是错误的？

　　大多数伦理相对主义者会说没有可能的判定方式，并且根本没有道德"知识"这种东西。这种怀疑主义已经让其他一些哲学家感到担心，他们认为确定无疑地存在着一系列永远正确的普遍道德规则。这些哲学家常常被称为"**普遍主义者**"、"**实在论者**"或"**绝对主义者**"。

普遍主义者说存在着普遍的道德规则。

绝对主义者宣称它们总是必须遵循的。

实在论者说这些规则是一种真正的知识。

　　三类人都会说牺牲婴儿总是错误的，不论鼓励或允许这种做法的文化怎么看。

伦理绝对主义的危险在于它可能使这种做法合法化，即一个强大的文化通过宣称独占道德真理而把它自己的道德价值强加给其他文化。

西方传教士曾经带着《圣经》和内衣闯进这个世界，来劝说"异教徒"皈依。

今天，伦理相对主义的鼓吹者实际上很欢迎和褒扬文化间的差异，并批评这种幼稚的傲慢是以欧洲为中心的"道德帝国主义"。

西方人也已经见证和导致了上百种独特的文化被他们自己的伦理信念整个摧毁。现在我们做出一些不充分的努力来保护"无辜的"和"原始的"部落文化，并且在听到它们消亡时羞愧地紧紧揉搓我们的双手。我们派出人类学家而把《圣经》和内衣留在家里。

相对主义 VS 绝对主义

现在，大多数西方自由主义者和学者不会干预其他文化的道德信念和风俗。

此时一个伦理绝对主义者会相当得意地微笑，并要我们承认或许存在着一些永远正确的普遍道德规则，不论你身处何地，就像：

其他绝对主义回应

　　有些社会与我们的社会不同，似乎会赞同离奇的不道德行为，但好像有少量一些基本的核心价值总是被遵循着，例如"谋杀总是错误的"。一些部落可能烧死寡妇和献祭儿童，因为相信这是出于这些牺牲者在天国中的终极长远利益，但他们不允许谋杀这样的寡妇和儿童。绝对主义者说相对主义者只看人们做了什么，而不看他们实际上**相信**什么。

> 而且，存在非常不同的道德信念，并不证明所有的道德信念都同等有效。

黑暗大陆

> 关于地球的形状，不同的人曾经持有相当不同的信念。

> 并非所有这些信念都是"有效的"——只有一群"地圆论者"真正知道真理。

甜甜圈形的地球

北极洞

　　绝对主义者说，人类道德与此相似——存在实在的"道德知识"。某些道德信念是真的，某些则不是，只不过我们还没有搞清楚哪个是哪个。

它们都是错的吗？

尽管相对主义者和绝对主义者之间的差异足够清楚，他们都面临一定问题。绝对主义者必须解释"核心"道德规则是什么，以及他们为什么选择他们所持有的规则。绝对主义者宣称，一般而言核心道德规则是那些使社会得以存在的"基本"规则。但是对核心价值的这个定义可能存在问题。

几乎没有绝对主义者会赞赏纳粹德国所具有的非常明晰和凝聚性的社会"规则"，而相对主义者无疑会称赞第二次世界大战中盟军干涉法西斯价值的激烈方式。

而大多数相对主义者也相信一个绝对的道德规则："勿干涉其他文化。"

道德知识的问题

相对主义者与绝对主义者的主要差异在于，对于道德信念成为真理或被证明为真理的可能性，他们意见不一。相对主义者常常是"主观主义者"，他们说道德信念实际不过是关于行为的主观感受，永远不可能获得事实的地位。

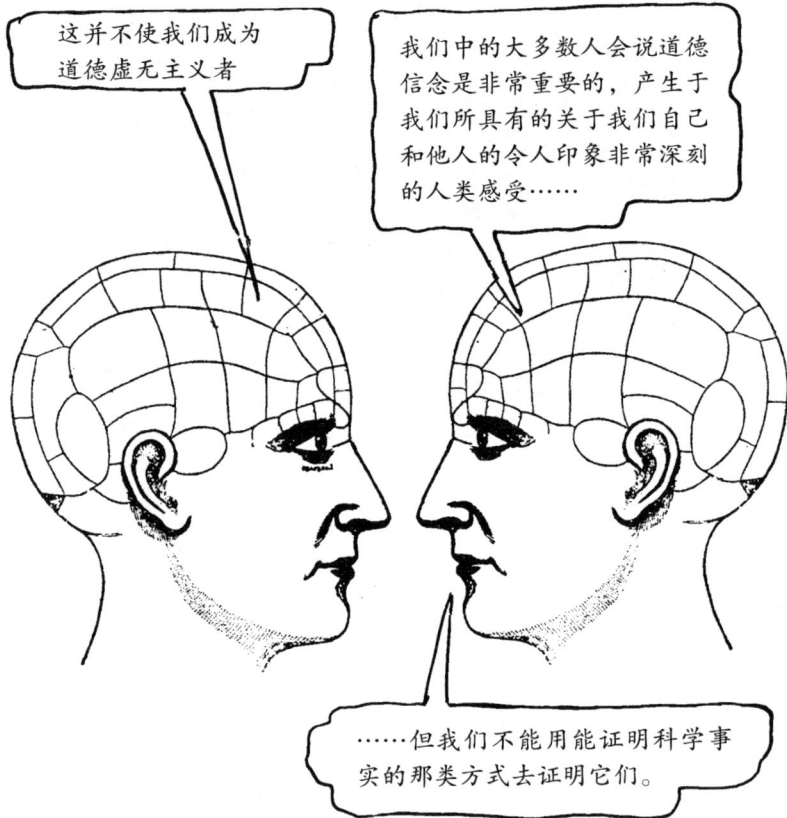

这并不使我们成为道德虚无主义者

我们中的大多数人会说道德信念是非常重要的，产生于我们所具有的关于我们自己和他人的令人印象非常深刻的人类感受……

……但我们不能用能证明科学事实的那类方式去证明它们。

现在是我们纵览伦理信念史的时候了。我们将限于西方观念，从古希腊开始，虽然许多表达出的立场可以同样在其他非西方文化中找到。

伦理学简史

希腊城邦

　　最令人印象深刻的生活群体的例子之一，是公元前 5 世纪的希腊城邦或 Polis。这种城邦不是严格意义上的部族，也不像现代国家，而是介于二者之间的东西。城邦很小，雅典是最著名的，因为它在某段时间是"民主的"。雅典城邦大约有多赛特那么大（1000 平方英里），有 250000 左右的人口。

　　如果亚里士多德看到现代国家里有大量的人们对事情如何进行没有发言权，一定会感到震惊的。

民主

　　只有 18 岁以上的成年男子可以成为雅典公民。成为一个公民是非常严肃的事情，责任和特权同在。雅典通过召开公民大会来管理事务，公民大会定期举行来通过法律和制定政府政策。雅典人认识到，由法律而不是国王或祭司任意的一时之念来统治，这一点是多么重要。我们现代"公民"很难想明白这实际上意味着什么。

没有政党，没有文职机构，没有下院议员……

任何人出席公民大会就将是"人民"（Demos），并在那一天行使管理职能。

　　雅典不是乌托邦。妇女和奴隶没有政治发言权，并且，和通常情形一样，富人和强势者仍然成为政策制定者，并且比普通公民更有影响力。然而，雅典人想出了某些惊人的主意——如投票和得到公平审判的权利。

希腊人与哲学

希腊人不仅是民主、剧场、纯粹数学和很多其他东西的发明者，而且还发明了一种新型思维，现在称之为"哲学"。

哲学地思考就是拒绝把传统答案视为理所当然。

TAVERNA

OPEN ALL DAY

我们开始这种古怪和非实用的思考方式是由于希腊城邦中的生活。

例如，很荒谬，我们的神是人神同形的……不仅具有人的形态，而且举止行为比人还糟糕。

他们的神是不死的，狂暴、好色并且政治上不正确。他们经常劝说他们终有一死的臣民去打仗。他们总是陷入爱河，中断恋情，还相互争吵。他们经常穿着特殊的服装，在特殊的环境中引诱凡人，使其怀孕。

对于苏格拉底这样的思想家来说，神肯定完全不足以充当道德上的榜样。在希腊神话中没有可供遵循的"十诫"。所以，虽然大多数像苏格拉底这样的知识分子口头上要应付一些通常所必需的宗教典礼和仪式，但他们并不认真地看待宗教。某些哲学家，像智者**普罗泰戈拉**（公元前490- 前420）谈论神说：

> 我不能确定他们是不是存在，也不能确定他们是什么样子。

而**克赛诺芬尼**（公元前570- 前475）说：

> 如果马、狮子和牛有手来绘画和制作艺术品，就像人所做的那样，它们会描绘和塑造神的身体，马的神像马，牛的神像牛，每一个在形状上都像它们自己。

> 我们也会赚大钱。

这意味着必须在宗教之外寻找伦理学。

奴隶制

虽然许多雅典人必须努力工作，但上层的雅典人根本不需要工作。雅典大约有 80000 名奴隶 —— 一些人在骇人的条件下在银矿中工作，另外许多人被用作家奴。希腊哲学家拥有奴隶，柏拉图在他的遗嘱中提到了五个，而亚里士多德似乎有大约十四个。奴隶制度看来从没有让这些道德哲学家感到担心。亚里士多德似乎真诚地相信有些人在"本性"上是奴隶。奴隶制度也意味着希腊的技术十分原始。例如没有人想到把驾驶帆船的简单技术移植到风磨坊。

既然奴隶能手工研磨谷物，为什么还要费神呢？

所以我们之中很多人有大量的闲暇时间。我们享受着愉悦、毫无内疚的户外生活……

……就这么边走边相互交谈关于最抽象和不实用的主题，例如"善是什么？"

哲学是一种公共活动，不是一种孤独的追求。这就是为什么柏拉图实际上不信任新创作的书——它们是一个个人的封闭体系，永远无法被校正。

苏格拉底的方法

苏格拉底（公元前 469- 前 399）是一个石匠的儿子，肥胖、罗圈腿、秃头、扁鼻子，并且脏兮兮的。他的绰号是"牛虻"，因为他刺激人们清楚独立地思考。他在公元前 399 年被雅典民主政府判处死刑，因为他拒绝承认神。

> 他们说我腐蚀城邦里的青年。

> 哪个青年？我问。

他从不教条或独断，但是对于很多年轻人，他似乎是某种类型的导师。

苏格拉底相信，关于人类的最重要的事情就是他们提出问题。他还说存在真正的道德知识，并且因其自身的缘故就值得追求。

根据苏格拉底，"未经审视的生活是不值得过的"。这是一个令人不安的思想。大多数成年人会回避关于一个人的道德生活的问题——他们更喜欢赚钱和过平静的常规生活。这个牛虻鼓励年轻人独立思考，质疑所有成年人的通常道德规则。苏格拉底不想做一个传承"智慧"的导师。

真正的知识来自讨论和论证，发现知识是一场相互合作的历险。

通常，他以这样的方式开始，即用"什么是正确的行止"或"什么是城邦"之类的问题来让人们困惑，接下来他揭示出，关于道德和政治，人们知道得是多么少。他总是强调智慧的人就是那种"知道自己一无所知的人"。苏格拉底完善了一种令哲学家现在颇为引以为豪的方法。

你先提出问题，清楚地发现实际上问的是什么，然后你询问什么样的回答是可接受的。

苏格拉底伦理学：认识你自己

　　苏格拉底拥有一些道德信念。像大多数希腊人一样，他认为人类似于人造对象，具有目标或功能（有时称之为**目的论**观点）。我们被"软件"预先设定了，我们的任务就是发现代码是什么并正确地执行。

我们能说我们生活的目标或程序，就是寻找财富、名声和智慧这类形式的幸福吗？

不。我们之中有一个真正的自我，我们可以自己发现它。真正的幸福在于获得真正的自我，或曰"灵魂"的完善。

　　道德并不只是服从法则，而是某种更加灵性的东西。如果我们知道了我们是谁，我们就将永远知道如何举止恰当。

虽然道德知识可以通过辩驳和讨论来获得，但苏格拉底强调道德不是那种可以真正教授给你的知识。真正的知识是关于事物"本质"的知识，就像"正确的行为"或"正义"，你最终必须自己去发现。

> 一旦你拥有了这种知识，并且你内心之眼将它完全看清，那么你将总是知道什么是正确的，因而你将永远不会邪恶。

这就是苏格拉底用"德性是知识"和"无人有意作恶"之类的短语所表达的意思。雅典民主制度认为这是危险的言论。

> 苏格拉底鼓励年轻人质疑传统的城邦道德！

> 他力劝他们选择一种非常不同的道德，它以对精神完善的个人见解为基础。

苏格拉底的确开启了道德哲学，但他令许多后来的哲学家十分头疼。

讨论和论证总是通向和发现知识的最好方式吗？

有"本质"这样的东西吗？

我们有"真正"的内在自我和"功能"吗？我们怎么知道我们什么时候发现了它？

道德是一种像几何学一样的知识还是更像数学？

它到底是不是知识？

谁有阿司匹林？

苏格拉底倾向于把道德设想为一种自我发现，但是，难道道德不是更加关系到我们与他人的关系和为我们的行为负责？苏格拉底说，一旦我们知道什么是正确的，我们就不会做错事。但是那些明知道他们的所作所为是错的，还要选择做错事的人又怎么样？意志太软弱或太邪恶以致无法做正确事情的人又怎么样？你是否必须在**选择**做正确事情的同时也要**知道**它是什么？

柏拉图的《理想国》

苏格拉底最著名的学生是一个年轻的贵族，名叫**柏拉图**（公元前428-前354），他从未忘记雅典民主派杀害了他的老师。对于柏拉图，民主意味着混乱和由易于受堕落政治家操控的暴戾无知的乌合之众来统治。他厌恶地离开雅典，但后来返回时发现他的城邦深陷困境。

雅典在公元前405年被斯巴达击败。公民们感到不满，而像**色拉叙马霍斯**这样的智者派哲学家正在传播"没有道德这种东西"这样的流言飞语。柏拉图的伟大著作《理想国》是一本非凡的书，因为几乎所有存在的哲学问题它都提出了。**A. N. 怀特海**曾经说过，所有的西方哲学实际上都不过是柏拉图的"注脚"。

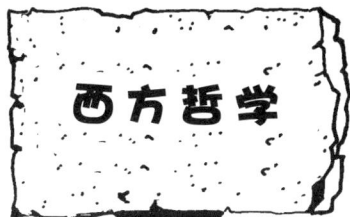

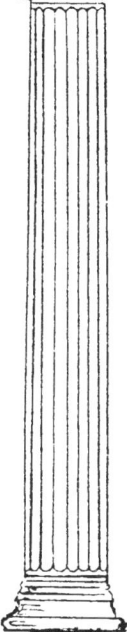

柏拉图 VS 智者

柏拉图提出关于城邦自身的道德和政治问题——为什么做一个公民是像呼吸一样不可避免的？为什么城邦要求忠诚？为什么我们必须服从城邦的法律，以及为什么城邦是个好东西？《理想国》以苏格拉底的开场白为起点——几个智者被允许提出他们关于道德和法律的观点。

道德只不过是强者为征服弱者而发明的一组规则。

道德就是社会契约。

然而，柏拉图将它们全部驳回，并详述了他关于个体、城邦和道德的学说。

某处有一个地方……

柏拉图是一个"双重世界论者"。他既相信这个肮脏的物质世界的存在，又相信存在着一个更纯洁、更美好的世界。柏拉图关于我们对这两个世界的知识的说法，与他关于道德与政治的信念相符。这可能让他确信他在一切事情上都是正确的，尽管很显然并非如此。柏拉图说有两类知识：**经验**知识（我们通过我们的**感官**获得）和一种高级得多的知识，后者是我们运用**理性**获得的。这后一种知识永恒不变。

实际上每个人都获得经验知识，因为我们大多数人都有五种起作用的感官。只有非常少的专家能发现"实在"的知识，因为你需要经过特殊发展的能力，并训练用精神去"看到"它。柏拉图是一个**"理性主义者"**——相信真正的知识必须来自理性的哲学家。

我们日常经验的物理世界是一个"半实在的"影像：关于这个世界的知识只是第三等级的"意见"。

这个信念的根源之一是数学。所有希腊知识分子都被数学的美、永恒和纯粹所震撼。

数不存在于实在世界，但以某种方式既存在于你的头脑中，又存在于另外某个抽象的、或许是精神性的处所。柏拉图认为所有的知识都会像数学一样永恒不变。

你知道 7 的平方根是 2.6457513 吗？

那太美了，伙计！

太好了！

1.   2.

相的世界

柏拉图说，日常的感觉世界之上有一个非凡而不可思议的**相**的世界。相是永恒的、无时间的和实在的。相解释了当我们看到一个红色苹果时是如何认识到它的——因为它分有了"苹果"这个相和"红"这个相。这个完满世界中的相是万物的相，从"完美的椅子"到"美"、"善"和"完善的城邦"。

道德不是人类的约定，而是宇宙自身结构的一部分。

所以，相是一切人类理性真实而可靠的来源。

这一切的政治结论是，完美可靠的知识是某种只有少数个别专家才能拥有的东西。柏拉图说这些专家必须负责照管其他人。"卫国者"总是知道任何问题的正确答案并知道该做什么。

一个封闭社会

　　柏拉图是一个道德绝对主义者，他认为道德知识是宇宙中的"编码"，就像某些数学家相信数是宇宙中的编码一样。但是，是否存在着道德"事实"，就像关于长颈鹿和三角形的事实一样？道德绝对主义者假设了一个道德应当所是的官僚制模型——一种只被专家知道的特殊知识。

　　我们必须问该做什么。

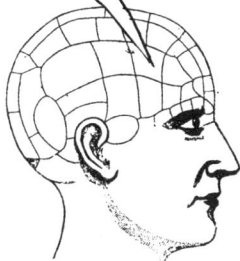

　　没有规定任何规则。

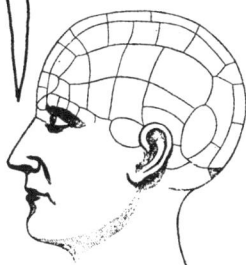

　　柏拉图假设个体的道德和城邦的道德是一回事，这可能导致不道德的压迫性专制。它由自命的"精英"来统治，他们对个体的判断只依据个体对国家的贡献如何。对于那种由掌管着集权化、大一统真理的自我固化的精英们所统治的封闭社会，这个世纪里的许多人都有着很不愉快的记忆。

　　柏拉图忘记了，论证和争辩，以及大量不同的政治观点，这本身就是好东西。

亚里士多德和常识哲学

亚里士多德（公元前 384- 前 322）是柏拉图的学生，来自希腊北部。亚里士多德成为亚历山大大帝（也来自北方）的教师，并最终建立了他自己的大学——吕克昂学园。他同意柏拉图，人本质上是社会存在，最好组织在城邦中。但是就道德而言，亚里士多德更为实用主义。

> 伦理学是一种平凡的事务，必须由具有常识的实践者来决定，而不是由那些埋头于遥远冷峻的"相"的世界中不食人间烟火的专家来决定。

LYCEVM

哲学 + 科学 + 交际舞

穿着：时髦、随便

★ ★ ★ ★   ☆ ★ ★ ★

亚里士多德对在日常基础上思考道德的普通人更感兴趣。

目的论观点与中道

在《尼各马可伦理学》中，亚里士多德强调他感兴趣的不是"善自身"之类的遥远的抽象概念，而是普通的日常之善，它是大多数人在大多数时候会选择的善。实际上，所有亚里士多德哲学背后的驱动力都是这样一个信念：可以通过考察万物的不同目的来理解它们的终极意义。

> 万物都朝向它自己独有的完善命运，就像一把刀通过很好地切割来实现自己的目标，人类通过良好地活动获得自我满足和幸福。

看起来我们被正义、公平、节制和勇敢之类"道德软件"所设定，但软件潜能的实现则取决于我们。感性的人通过选择两个极端之间的中道来做到这一点。作为好人，我们应当尽力合乎情理地勇敢，而不是荒悖地鲁莽和可笑地怯懦。

亚里士多德还对道德责任一清二楚——如果你选择做错误的事情，那么就应当为此受到惩罚。

乏味的好人

亚里士多德心目中理想的典范，从本质上讲是一个乏味的、感性的中年雅典男性公民，平静而理性，不走极端，并且知道如何根据经验行动。亚氏认为，如果我们能像这样，我们将在心理上获得满足。我们通过从事道德活动而变得道德，就像我们通过练习学会弹钢琴一样。

一开始，我们的父母和教师鼓励我们有道德，但一段时间之后，我们或多或少地变成本能的道德之人。

……因为做正确的事情已经成为第二天性。

我们逐渐学会选择一种"中道"，它对于我们和所有道德上有疑问的境遇都是正确的。当需要我们决定是只捐一部分钱还是全部的钱给慈善机构的时候，我们将知道该做什么。当我们对自己和我们的道德判断有这份自信的时候，我们将获得幸福，因为我们践行了自己的使命。

对不起，我不能偿还我的抵押贷款——我把我全部的钱都给慈善机构了。

亚里士多德在道德责任上的观点非常明智，并且在法律上很有影响。当你选择偷盗并且被抓住了，你必须受到责备。这是如此简单和明显。如果你因威胁和暴力被迫去拿东西，或者你拿错了东西，那么你可以脱罪。但是，亚里士多德不允许你做的事，正是苏格拉底认为你可以做的事情。

就说你不知道偷盗是错误的。

这个借口是愚蠢的。人是意识上邪恶，而不是道德痴愚。

　　亚里士多德的观点似乎很奇怪，因为今天我们不把道德与自我实现混为一谈。我们像亚里士多德认为的那样"被设定"了某种倾向吗？在一个赞美个体主义和个人选择的后浪漫主义时代，我们很多人还会拒绝这样的观念，即"好公民"是要追求的理想。

亚里士多德的大多数道德学说似乎也很乏味——谨慎的折中通常如此。就勇敢而言，中道学说可能有一定道理。

关于如何获得自我满足，亚里士多德可能提供了指南，但是我们没有得到任何道德规则帮助我们看出我们如何与他人相处。但他可能正确地提出，道德是一门非常不精确的"科学"和技术——更像学习开车而不像研究物理学。

现在，许多现代道德哲学家认为在他的言论中有大量丰富的内容，更多的内容后面还会讲到。

希腊化伦理学

希腊思想对道德哲学影响深远，希腊城邦解体并改换为亚历山大大帝（公元前 356- 前 323）的新军事帝国，接着是罗马帝国，但希腊思想还持续了很长时间。希腊道德哲学在马其顿、叙利亚和埃及以各种形式存活下来，并在大约公元前 50 年左右遍及整个罗马帝国。希腊化道德哲学，主要是对亚里士多德关于人类自我实现和幸福的观点的一系列增益。

犬儒学派

犬儒学派由**安提斯泰尼**（公元前 444- 前 366）创立，宣称幸福在于培养对世间的野心及财产的淡然心态，因为个体不能长久地控制这些东西。他们最多彩的发言人是**第欧根尼**（公元前 320）。他住在一个木桶里，对亚历山大大帝也很粗鲁。

斯多葛派和伊壁鸠鲁派

斯多葛派和伊壁鸠鲁派都在一个关键方面不同于亚里士多德：他们都建议智慧的人避开或无视政治生活的腐蚀和败坏，因为他们不再是民主城邦的成员，而是生活于没有人情味的腐败帝国中的疏离个体。

斯多葛学派，由**基提翁的芝诺**创立（约公元前 336- 前 261），信仰"自然法"——一种后来变得对中世纪经院主义非常重要的学说。他们最著名的信徒是罗马人——其中有政治家兼演说家西塞罗和罗马皇帝马可·奥勒留。斯多葛关于个人生活的观点是宿命论的。

我们都被自然法所统治，我们必须平静而勇敢地接受生活加在我们身上的一切。

因而智慧的人把自己的愿望限制在肯定可以获得的东西上……

芝诺

爱是盲目的，陷入爱河的人看不见他们自己干的那些非常愚蠢的事。

斯多葛学派认为，激情常常使人类非常不幸地失去理智——这种关于人性的观点莎士比亚似乎也有。

伊壁鸠鲁学派，由**伊壁鸠鲁**（公元前 341- 前 270）创立，把幸福等同于快乐，而亚里士多德始终小心避免这么做。然而，伊壁鸠鲁学派的"快乐"，必须以亚里士多德式的温和适中的方式去追求，并且获得的方式很多：友谊和哲学讨论，以及葡萄酒和歌。实际上，伊壁鸠鲁学派比他们表面听上去更斯多葛。

> 我们相信，自我控制和宁静淡泊可以帮助大多数人忍受大多数事情。

他们有时也被称为"花园哲学家"，因为他们相信内心的个体的幸福只能通过逃避公共政治生活才能获得。

基督教的降临

到公元 4 世纪，基督教是整个罗马帝国的官方宗教。当君士坦丁把首都从罗马迁到君士坦丁堡，帝国自身在公元 330 年一分为二。

到公元 476 年西半部崩溃。在 529 年教会最终关闭了柏拉图学园，道德哲学成为基督教神学的一部分，虽然柏拉图和亚里士多德的影响持续出现在教父的著作中。**圣奥古斯丁**（354-430）试图将福音书的教诲和柏拉图的哲学调和起来。他为基督教处理了一个大问题。

我们与世俗权威的关系应当是怎么样的？

在"人间之城"和"上帝之城"中间我们怎样选择？

有谁知道什么干净的笑话吗？

我的观点是，任何真正的幸福和拯救都只能通过教会这个"社会"。然而，政府是一种必要的恶：虽然它常常腐败，但对于维持和平与秩序是有用的。

中世纪与经院伦理学

实际上中世纪哲学家都是以基督教为真理的教士。这意味着道德争论所围绕的问题在我们今天看来似乎更多是神学的和技术性的问题，而非"道德"问题。

> 什么使人类能区分善与恶？是上帝赠予我们的良心或理性吗？

亚里士多德的教诲被伟大的中世纪神学家**圣托马斯·阿奎那**（1224-1274）所同化。

> 我同意亚里士多德，人类的任务是以适中的方式发挥人的德性，以获取个人的自我实现和幸福。

关于社会和个体的法则，阿奎那有过更有趣的言论。根据阿奎那的观点，法律必须不仅反映统治者个人的想法，它们还必须是为了所有人的共同善，反映上帝"铭刻"在我们所有人身上的"自然法"。世俗的法律诚然有用，因为它确保社会秩序并使社会生活成为可能。

但世俗法律自身并不能使人们有德性。

……如果它不符合自然法，人们有权利违反它！

那么你会同意我反对英国宗主国权威的"公民不服从行动"啰？

人文主义的兴起

最终科学和哲学开始脱离教会的影响和教义，就像希腊哲学在两千年前质疑神话和迷信一样。文艺复兴在 14 世纪始于意大利北部，并在 15 和 16 世纪传遍欧洲。

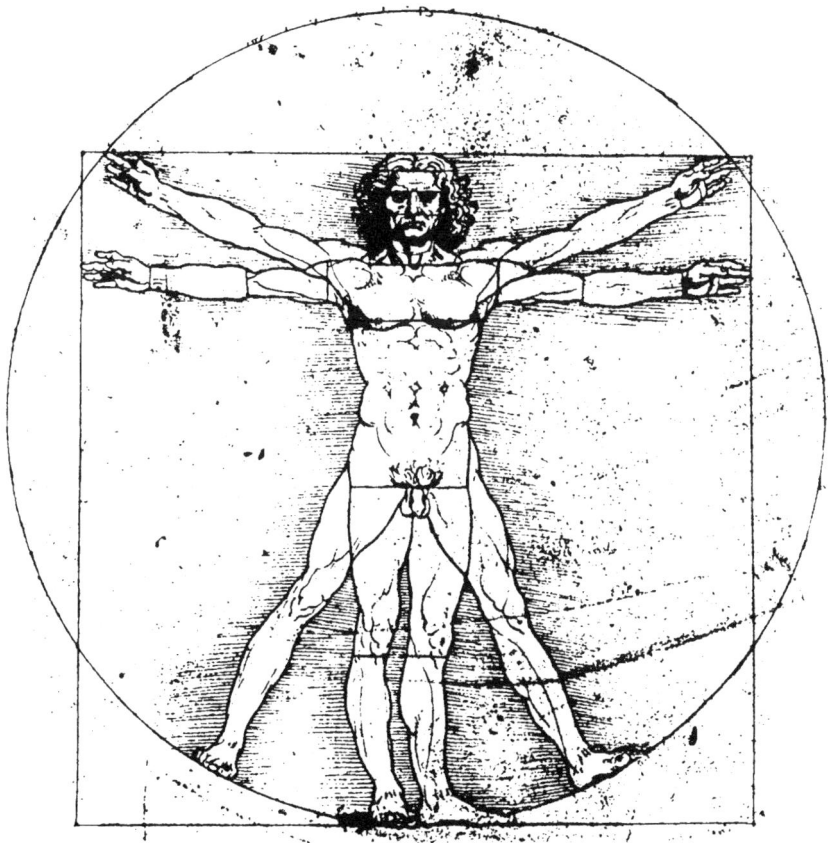

文艺复兴的"**人文主义**"更加强调人类的成就，较少强调上帝在人类事务中的角色。它也鼓励了更加强调科学中经验方法的有用性和创造性。**宗教改革**促进了这整个进程。

马基雅维利

对道德与国家之间关系的兴趣在文艺复兴期间一直持续，在这个问题上最著名的作家是**尼古拉·马基雅维利**。

马基雅维利（1469-1527）出生于佛罗伦萨，一个像雅典一样的城邦，虽然治理方式有所不同。马基雅维利是一个实干的外交官而不是一个哲学家。他著名的书叫作《**君主论**》，是有史以来第一本被列入天主教禁书名单的书。

> ye Olde TopShelf Bookfhop
> Adult only.

> 什么事，伙计？

> 嘘！我想要一本原先叫《君主论》的书，书皮是棕色的。

道德与公共生活

《君主论》表面上是一本关于政治的技术性书籍，但它的潜台词无疑是伦理学的。马基雅维利指出，所有好的规则都需要德性（virtù）——自信的"男性"气质、勇敢、果断，诸如此类。然而，做一个真正成功的统治者还意味着从事"必要的不道德"。君主必须撒谎、背叛、欺骗、偷盗和杀戮。

"对于一个希望维持自己地位的君主，学会怎样才能不善良是非常必要的……"

马基雅维利接着描述了切萨雷·博基亚的某些相当非基督教的施政方式：他不认为守诺言和说真话总是必要的；他邀请叛乱的士兵午餐然后把他们勒死。他任命一个残忍的副手执行他自己的法律，然后又把他处死。

关于这本书的分歧

读马基雅维利的书的人一直围绕着它争论。有些人，例如基督教会，相信它是一本邪恶的书，另一些人认为它是一部讽刺作品，还有一些人认为它不是一本道德或不道德的书，而是一本"技术性"的书。然而，马基雅维利钦佩成功的君主，而不管他们的方法，这一点没有多少疑问。他和霍布斯一样，对人性相当悲观。他认为君主必须不道德。

> 人们总是会像恶棍一样对待你，除非强制他们诚实。

今日马基雅维利

《君主论》很重要，不是因为它提供了对个体或政府伦理的任何伟大的哲学洞见，而是因为它帮助引起了一种思潮的那种方式，这种思潮提出在私人和公共道德之间不可避免地存在着一种差异。（有时在人们心中与"女性"和"男性"伦理学相联系，这是较为后来的事情。）许多人今天仍然相信，在政治生活、商业交易和一般公共领域中，你必须实用和审慎或"不讲伦理"。这里不得不存在两套道德标准。

> 贪婪即善。

> 无论对错，祖国就是祖国。

> 生意场上就是黑吃黑。

马基雅维利认为政治与道德是冤家。

野蛮人还是无邪者?

马基雅维利对"政治科学"的影响在 17 和 18 世纪开启了关于人性的持续争论。

人类是野蛮人,被社会驯化和强迫变成道德存在,他们在道德上是无邪的,但被社会所败坏?这场争论之有趣在于,它的某些关于社会、个体和对政府的需要的结论仍然是中肯的。

托马斯·霍布斯(1588-1679),17 世纪的英国保皇派、哲学家以及《**利维坦**》的作者,使人性本恶的学说大行其道。这种解释常常称为"**心理学利己主义**"。

> 人类生来就是坏的,任何人对此都无能为力。

> 但是,如果这是真的,——道德到底是怎样开启的?

社会契约

霍布斯的解决方案是一种互惠观念的律法主义形式，通常称为"社会契约论"。霍布斯认为道德不过是邪恶而理性的人类避免冲突的一种方式。在没有社会的时候，人类生活在一种自然状态中，每个人的生活都是"孤独、贫困、卑污、残忍而短寿"。

心理学利己主义者会相互偷盗，并且对杀戮也不表现出丝毫犹豫。

没有人能安然入睡，并且会一直生活在暴死的恐惧和危险之中。

溜之大吉！

所以，每个人艰难地达成一个法律协议，不互相杀戮和偷盗，因为它最终对每个人都不利。

为了让这个"社会契约"能够实行，他们还与中立的、同意执行第一个"社会"契约的第三方达成进一步的"政府契约"。

社会就是这样开始的，这就是为什么坚强有力的政府是个好的主意——拯救我们免受天生邪恶的危害。

它是真的吗？

　　霍布斯关于道德从何而来的解释并不完全令人信服。很多人的行为非常不符合"心理学利己主义"——他们跳进冰冻的湖里拯救溺水的儿童，暗中捐钱给慈善机构。很多霍布斯关于"自然状态"的谈论并非基于史实。没有什么证据支持这种关于前社会的杀人者们建立"契约"的"原子主义"理论。

　　我们遗传学上最近的亲戚大猩猩，非常和谐地过着它们的生活，它们是非常合群的同伴，相互清理皮毛。而且看起来人类像是一直生活于家庭与部落中的社会动物，而不像是离群索居的独居者。

浪漫的无邪者

　　与霍布斯的悲观主义学说相反的学说，即那个有时也被称作为"浪漫主义"的观点，它的真正创始人是**让·雅克·卢梭**（1712-1778）。卢梭的观点是，我们生来是道德的存在，有向善的巨大潜能，这就是为什么儿童的教育如此重要。

> 我们都曾经生活在一个与我们周围的人和谐相处的无邪状态。后来文明的伟业被创造出来。

　　它带来了人为的需要，例如 CD 播放机、高速的小汽车和相应的邪恶，如贪婪和性堕落。虽然被文明的趣味所败坏听起来可笑，但结果却是我们固有的善和无邪被败坏了。这些是卢梭在《**论艺术与科学**》和《**爱弥儿**》中提出的观点。

高贵的野蛮人

不同于霍布斯，卢梭认为有可能形成一个社会，它实际上通过"公意"的表达而使政府成为不必要——这是一个既模糊又危险的学说。谁来发现这个"意志"并对人民执行这个"意志"？原始人类的天真无邪也是一种关于人性的学说，它最终导致高贵的野蛮人的神话——即相信"原始"的人类，类似美洲土著，过着比颓废堕落的西方人更简单、更满足和道德上更优越的生活。这是个神话。

身处技术上不发达的文化中的人们，他们的生活中没有任何东西是"简单的"或本质上是"道德的"。

"高贵的野蛮人"被用于讽刺道德罪愆和所察觉到的文明社会的无节制，这在某种程度上导致了整体上复杂的"浪漫主义运动"，这一运动常常暗示，道德教导最好还是来自树木、儿童和农夫，而不是哲学家或政治家。早期的浪漫主义运动在其同情者那里也是革命的，甚至是无政府主义的。

无政府主义者需要一个温良的人性模式，如果他们想要放弃政府和对警察及监狱的需要的话。

065

互助者或社会生物学

彼得·克鲁泡特金 (1842-1921)，无政府主义哲学家，和更晚近的社会生物学家**爱德华·O. 威尔森**（1929 年生）一样，都相信某种关于人性的不那么两极化的观点。

> 道德或多或少地是从人性中进化而来，不需要任何基于相互恐惧的法律框架。

> 道德也不是某种早就被文明毁灭了的与生俱来的东西。

简单地环顾我们周围，我们能看到的数量可观的证据表明，人类既不是被强烈贪婪所驱动，也不是被败坏的无邪者。大量的人类的确似乎拥有非常真实的友爱、忠诚、怜悯、慷慨和同情的动机，同时也有贪婪和自私的动机。

自然提供了动物和植物之间相互合作的证据，"生态系统"就是这样首先产生出来。除我们之外的许多物种都生活在和谐的群体中，并且带着显而易见的关爱情感养育它们的后代。

　　如果人类是自私的，那么他们也是以一种奇怪的合作方式自私着，否则就不会有家庭、部族和社会。

社会基因

　　这不是暗示我们在遗传上如同机器人般地被设定，就像其他诸如蚂蚁和蜜蜂之类的社会动物看起来的那样。我们的设定不那么固定和绝对。

但是我们很可能幸运地成为某种社会基因或利他基因的携带者，使得我们作为一种物种可以如此成功地相互合作。

这种遗传性社会本能可能是一切伦理学的基础。

　　然而，大多数人类不是天使之类的东西，因为我们需要生活在群体中。我们的确在一定场合陷入相互冲突。这意味着我们不得不设计一套规则和习惯，来保证潜在的摩擦及其灾难性后果被减到最小。

符号动物

我们与动物的不同在于，我们有意识地做我们所做之事。人类能够选择并为做出的决定承担责任。其他动物生活在无意识、非符号的本能世界里，虽然从外部看来，它们的行为可能常常显得有"道德"。

人类道德与众不同。

这是我们的存在方式和我们所具有的选择自由造成的。

道德并不只是某种形式的本能行为，比如那类被动物用来确保雄性对手之间冲突最小化的顺从仪式表演。或许有一天我们将更精确地知道人性是什么——它在多大程度上是遗传的，多大程度上是培养出来的。

马克思和经济决定论

卡尔·马克思（1818-1883）深刻地反对无政府主义者关于人性良善的观点，他谴责这种观点没有科学性和革命性。马克思宣称历史是由不同的经济"生产方式"分割开的一系列阶段，这些生产方式又因而决定了阶级和不可避免的阶级之间的斗争。

> 任何历史时期的统治阶级都要掌握生产资料……

> ……那个阶级的个体成员总是为那个阶级的利益而战，虽然他们并不会总能认识到这一点！

这是因为他们是阶级"意识形态"的产物。

一种意识形态是一群人所持有的态度、价值和信念的集合。马克思关于意识形态观点的"根本命题"是"社会存在决定意识"。经济基础决定它的上层建筑或它关于一切事情的信念，诸如家庭生活、宗教和伦理。

资本主义生存得如此成功，是因为统治阶级垄断了教育、宗教、法律、媒体和哲学达两百多年。关于婚姻人们可能持有不同的道德观点：它是"圣洁的圣礼"，"法律的要求"，"血亲关系模式体系"的一部分，如此等等。但关于婚姻的"科学"真理是它的经济基础。

它存在于一种秩序中，这种秩序提供由核心家庭构成的稳定而灵活的劳动力。

马克思通常敌视一切道德理论活动和学说，所以，"道德"总是遮掩资产阶级经济利益和其他经济利益的意识形态。

虚假意识

一个个体可能相信他／她正依据道德行事，但是他／她总是要为统治阶级的利益行事。他／她是"**虚假意识**"的牺牲品。意识形态就是这样发挥作用的，它把一个阶级的利益伪装成一种道德兴趣。

> 人们都太容易相信资产阶级的"正义"不涉及利益了，而"道德"实际上无情地为捍卫它的阶级利益而战。

> 只有经过革命，当每个人都摆脱客观道德的幻象时，才可能创造一个自由与公正的社会。

虚假意识因而会转换为"**阶级意识**"：人们不会在没有理解其经济基础的情况下就遵循一套道德规则。

但到底为什么革命的无产阶级的利益就是公正的"善"，这一点并不十分清楚。马克思假设，某些革命的知识分子将保持不被虚假意识玷污，因而将保证他们自己有确定的非资本主义道德。

这不危险吗？

我们能相信，当所有的宗教、法律、习俗、财产权和国家最终都消亡了，我们的道德信念就会以某种方式变得更加客观了吗？

道德的鸡和阶级的蛋

而且，马克思关于道德是经济活动的副产品的解释似乎很古怪。没有道德协议和规则，社会自身很可能无法产生，因而先于"阶级"和"生产资料"之类的特征也无法产生。然而，显然经济和道德之间存在着一种复杂的共生关系。如果任何社会的经济生活变得混乱，个体的道德信念就会急剧变化。

功利主义

　　另一种"客观地"看待道德的极为不同的方式是功利主义。功利主义的两个创始人都是天才儿童。**杰里米·边沁**（1748-1832）在 5 岁的时候就能阅读拉丁文和希腊文，16 岁就从牛津大学毕业。**约翰·斯图亚特·密尔**（1806-1873）在 3 岁的时候就能说流利的希腊语，14 岁的时候就帮助他的父亲写作关于经济学的书。两个人都是激进的经验主义者。他们认为知识只能来自感觉而不仅仅是心灵的创造。他们还都是热切的民主主义者，反对正统权威，反对君主制，并且反对帝国主义——更确切地说，反对 18 世纪后期和维多利亚时代的英国存在的不明智的东西。

杰里米·边沁
1748-1832

约翰·斯图亚特·密尔
1806-1873

边沁是个有些古怪的隐士，他非常害羞，以至于不能接受一次接见一个以上的来访者。他把老鼠和一头宠物猪带在身边。他还设计了一个阴森的极权主义监狱——全景监狱，之所以这么叫是因为它可以一天 24 小时监视每一个囚犯。他是一个好战的无神论者，相信死去的亲属不应该被埋葬，而应当被填充后当作装饰保存在自己家里。

他死后，他的尸体当着一群朋友和亲戚的面在伦敦的大学学院里被解剖。他的骨骼仍然在那里，填上了稻草，顶上安放了一个蜡制的头。

法律与道德

边沁是个律师，在 1789 年——法国大革命的同一年——写了书名时髦的《**道德和立法原理**》。边沁认为英国法律乱七八糟——很大程度上是因为它没有逻辑和科学基础。

> 有些人认为法律应当以《圣经》或个人良心为基础……

> ……有些人认为，法律以"自然权利"为基础……

> ……另一些人认为法律的基础是"常识"判断。

边沁认为所有这些解释真是"胡言乱语"或"武断教条"——人们说英国法律是个好东西其实没有任何理由。

边沁决定要使得法律和道德"科学"起来，就像社会学和心理学宣称要使得对人类的研究"科学"起来一样。

幸福的总额

像道德哲学家经常做的那样,他从他自己对人性的定义开始。人类"受两位最高君主的统治,痛苦和快乐"。他的意思是人类是快乐—痛苦的有机体,总是趋乐避苦。对于边沁,只有让大多数人的快乐最大化和痛苦最小化的法律才应该被通过。

功利主义就是这样起作用的。

你不要依靠关于感受或良知的模糊观念,而要根据一个行为产生多少单位的痛苦或快乐来划分和衡量一切行为。

你接着要着手用边沁所称的"幸福产量计算"来算出"幸福总额"。(你要问幸福会有多强烈,它会持续多久,它出现的可能性多大,它是否有任何不愉快的副作用,诸如此类。)你还要努力保证幸福传播得尽可能广,以此产生边沁所说的"总体善"或"最大多数的最大幸福"。

一个实际例子

举例来说，比如政府想要通过一条把公用事业私有化的法律。假定是自来水。公众为他们的意见和感受投票，并且算出总额，立法也就因而通过了。

快乐与痛苦的单位

+1H= 这将让我略有满足。

+2H= 这将让我颇为幸福。

+3H= 这将让我非常幸福。

+4H= 这将让我欣喜若狂。

−1H= 这将让我略有不快。

−2H= 这将让我中等程度地不幸福。

−3H= 这将让我实在非常不幸福。

−4H= 这将让我自杀。

如果意见投票的结果是公众的不幸福有 -3.5 百万 H 单位，而幸福有 5 百万 H 单位，那么自来水公司就被私有化，并且是一件"好事"。大多数人得到了他们想要的，因为功利主义是民主的。

只看后果不看动机

对于功利主义者，动机不重要，只有结果才重要。重点在行为而不在行为者。边沁和密尔会主张，人们的动机既不能被看到也不能被测量，但是他们行为的后果却可以被看到和测量。这就是为什么有时候功利主义者也被称为"后果论者"。

在某些罕见的境遇中，"行为"功利主义者被允许打破传统道德规则，只要这么做使幸大于不幸。如果一个功利主义的脑外科医生和一个不学无术的乞丐在同一艘进水的筏子上，木筏只能承载一个人……

> 那么我可以把你推下去。

救了他自己的命和他的医学技术，比起乞丐，这个杀人的外科医生未来将给更多的人带来更多的幸福。

边沁的门徒约翰·斯图亚特·密尔被强行灌输教育，直到 20 岁时遭遇精神崩溃。

只是靠着浪漫主义诗歌和他与哈莉特·泰勒小姐坠入爱河才恢复过来。

他作为职员在东印度公司工作，最终成为国会议员并积极领导了争取妇女投票权的运动。他在伦理学上最著名的书是《**论自由**》（1858）和《**功利主义**》（1863）。

密尔的思想

　　密尔并非全盘同意边沁的所有说法。他相信可以使功利主义不仅成为立法者的伦理体系，而且可以成为普通个体的伦理体系。他为边沁的某些比较庸俗的民粹主义态度感到不安，并偏好谈论"幸福"而不是"快乐"。他认为，通过赋予文化和精神性的幸福以优先于较粗鄙和生理性的幸福的地位，功利主义道德就可以不那么实利主义。

做一个不满足的人胜过做一头满足的猪……

一头不满足的猪呢？

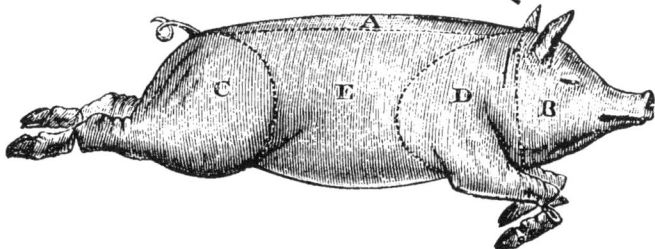

规则功利主义

　　密尔还认为大多数普通人应当在正常情况下坚守传统的道德规则，而不是在任何时候都"计算"他们应当做什么。或许这使得密尔成为一个"规则"功利主义者——他们相信道德仍然与服从道德规则相关联，即使这些规则是根据功利主义来决定的。（你只服从那些被经验证明为将给最大多数人带来最大幸福的规则。）某些哲学家相信道德就是每个人都总是服从规则。

当你总是知道其他人将要做什么，你就获得了可预测性和保证。

"纯粹的"功利主义者相信必须根据环境区别对待每一个境遇。

一个整齐划一的强制性的体系太不灵活了。

有时堕胎是错误的……

……其他时候堕胎将是正确的。关于它你不能持有一个教条的规则。

密尔的多元主义

密尔在他的论文《论自由》中担心"多数人的人暴政"。他是一个伟大的多元主义者。一个健康的社会是一个不同个体和生活方式千差万别的社会，并且容纳"新时代旅行者"那样的古怪人。只要人们没有干预他人的自由，就允许他们按自己的喜好思考和行为。

对于吸软性毒品和安乐死这类"无受害者的犯罪"的非罪化，功利主义者持某种非常自由主义的观点。

但是，对于功利主义者，如果人口中的大多数认为看到新时代旅行者被关进监狱是件幸福的事，那么监狱就将是我们的归宿。

什么是幸福

哲学家**伯纳德·威廉姆斯**(生于 1929 年)要求我们想象一种"快乐器",它产生不上瘾的瞬时快乐,每个人都在闲暇的时候使用它。对于这种人造的快乐,大多数功利主义者不会发现有什么不对头,但是快乐器的观念似乎有某种东西不对劲。

> 或许我们认为人不只是快乐 —— 痛苦的有机体……

> 或许我们甚至有时需要痛苦来使我们成为完满的人!

> 真的有可能使用边沁坚信可行的那种方式,像测量土豆一样地测量人类主观的幸福和不幸的量吗?

功利主义的幸福经常采用"公共财物"的形式,如图书馆、医院、学校、好的排水设施等等。我们不可能测量个体私有的主观幸福,但或许公共设施和它们产生的幸福可以被测量。功利主义至少引入了一个激进的观念,即政府的首要职责是使大多数人口幸福。

它真的科学吗？

一个忽略了人的动机的道德哲学似乎很奇怪。我们喜欢认为，有道德不仅涉及善行，而且涉及善心。而一种让你在必要的时候打破传统道德规则的道德哲学相当令人不安。你愿意和一个功利主义者同乘一个筏子吗？

而且，功利主义真的能使伦理学"科学化"吗？密尔试图通过一种语义上的特技来做到这一点——通过宣称"善"这个概念意味着"最大多数人的最大幸福"。但是大多数人想要的并不总是善的。

虽然我们会想要我们自己的个体幸福，但这难道就意味着我们也会自动地想要寻求其他所有的人幸福吗？

很多幸福的富人从住在纸板箱里的乞丐身边开车经过，却毫无把他们自己的福祉四处传播的欲望。

为生活在一个幸福的而没有乞丐的社会而付出，可能是更值得的，因为这最终会惠及每一个人。

但是所有道德学说面对的重大问题依旧存在：你如何劝说人们选择做好人？

有一个人认为他能令人信服地做到这一点，他就是伊曼努尔·康德。

道德义务的法则

伊曼努尔·康德（1724-1804）不同意他所听说的功利主义，认为道德与幸福没有什么关系。康德在哥尼斯堡出生、生活、工作和去世，是一个职业学者，靠研究和教授哲学获得报酬。他的生活习惯非常有规律，以至于人们会通过观察他每日在镇上的散步来核对钟表。

我相信，普通人关于道德在本质上与坚守一套和义务规则相关的信念是正确的。

DONG!

TICK TOCK

啊呀，时间到了吗？

我想给这个信念以某些哲学证明。

咕咕。

他在《道德形而上学的奠基》中着手去做。

实践理性

康德首先问一个道德行为和一个不道德行为有什么区别。他的结论是道德行为是出自**义务感**的行为，而不是遵循偏好或做我们想要的事。这就是为什么康德经常被称为**道义论者**或义务的信仰者。

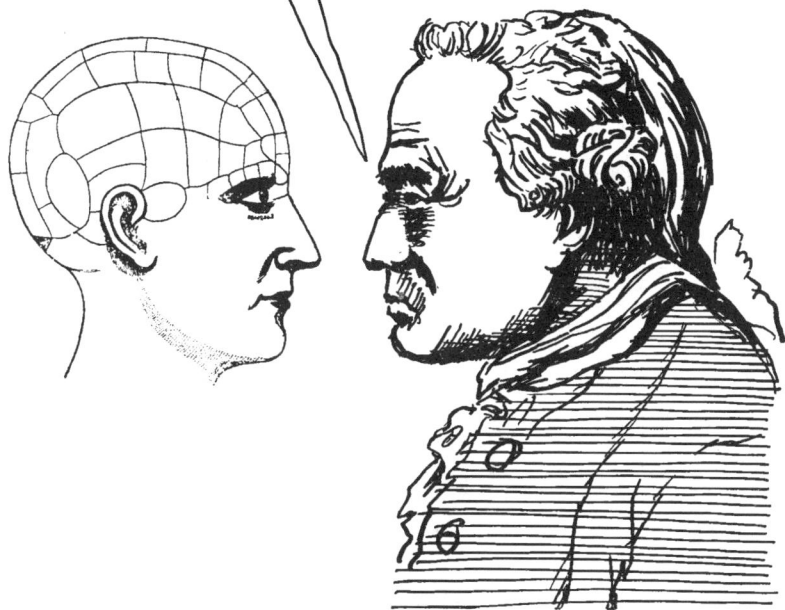

> 伦理学全都关乎这些义务是什么，我们如何发现它们是什么，以及我们为什么必须服从它们。

康德首先断言人类是理性的存在。人们有"理论理性"，使得他们能进行复杂的思维活动，如数学和逻辑。他们还有"实践理性"来服务于他们的"善的意志"。"善的意志"是让我们决心做好人的动机，而我们的实践理性则帮助达到这一点。

义务 VS 偏好

尽我们的义务，意味着总是服从义务性道德法则或"律令"，即使在我们个人看来，这些法则可能经常令人厌烦或不便。做好人很艰难。它通常涉及在我们的义务和我们真正喜欢做的事情之间内心的精神斗争。这是康德与功利主义者的根本不同之处。康德这样的道义论者经常显得很可怜，因为他们总是拒绝他们的快乐而严格地承担起他们的道德责任。

或许可能做出偏好和义务相结合的行为……例如，通过做一个尽责任而又慈爱的父母。

然而，出自义务而行总是更胜一筹。

关于富有青年的寓言

康德暗示，一个本能地将钱给乞丐的幼稚、富有的青年，并不是一个道德的人。虽然他本能的慷慨的结果显然对当地的乞丐是好事，但他对他的道德责任是什么却毫无概念。

在他的心中，没有发生义务与偏好之间的斗争。

他就像一个孩子偶然下对了一步棋。他对游戏的规则和目的没有内在的理解。对于康德，道德是一个严肃的事务，它涉及选择**责任**而不是需要；**动机**而非后果是道德行为的核心特征。道德不是关于**做**自然而然的事，而是**抵抗**自然而然的事。

可普遍化检验

康德解释了我们如何发现什么是义务性道德规则。我们不是通过问自己我们喜欢做什么来找出它们，而是通过理性。他要我们想象如果我们把自己想要做的事情"普遍化"会发生什么，确保我们把人当作目的而不是手段来对待。比如说我们想要偷东西。如果所有人在所有时候都从其他所有人那里偷东西，不仅社会很快会崩溃，而且，对康德来说更重要的是，"偷盗"这个概念自身会陷入"逻辑黑洞"。

> 如果偷盗成为正常行为，没有人会理解偷盗和财产权是什么意思。所以偷盗是不合逻辑的。

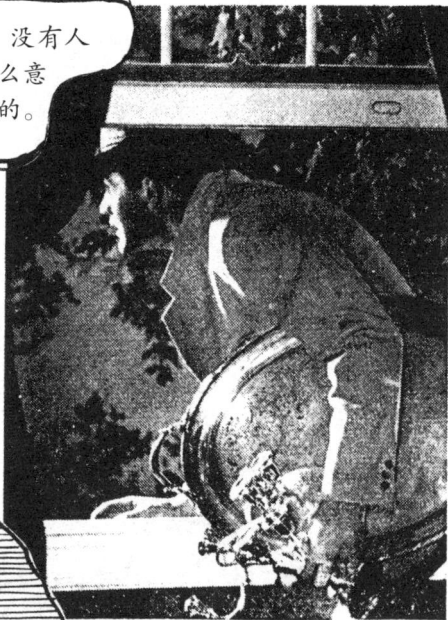

通过使用我们的理性和"可普遍化检验"，我们间接地发现了一条义务规则或**绝对命令**：勿偷盗！这个检验就像一个"道德指南针"，总是给我们揭示出正确的"道德方向"。这个检验也针对说谎。如果任何人在一切时间都说谎，那么真理和意义就都会消失。所以，说谎是非理性和不被容许的。康德就是这样向我们表明为什么道德规则是义务。

僵化的规则

但是我们真的能接受说谎永远不正确吗？

对大多数人来说，康德伦理学听起来太完美了。道德规则很像有用的概括：一般而言我们认为最好不要说谎，但是存在着偶然的情况，在这种情况下说谎显然在道德上是正确的。

> 如果秘密警察敲你的门，问你的朋友是否躲在柜子里，这怎么办呢？

> 康德不会让你说谎。

康德的义务规则体系似乎是单一的和不可思议的，因为它不允许例外。对于我们在道德规则**之间**进行选择，它也毫无帮助。有些时候同时既遵守诺言又说真话是不可能的。

> 设想一个女性朋友告诉你她有一件风流韵事，而你答应不告诉别人。

> 之后她的丈夫问他的妻子是否忠实，你会怎么做？

> 我正和其他某个人约会。

> 我的妻子是不是在和其他某个人约会？

在这种境遇下，遵守你的诺言和说真话完全不可能兼得，而康德没有给你提供方法来决定服从哪条规则。

道德想象

　　康德似乎认为作为理性的存在我们必须有道德，就像我们一定要认识到 2+2 "必须" 等于 4。问题是数学的逻辑必然性内在于数学自身，而伦理选择并不像这样 "必然"。很多人可以并且实际上选择做邪恶之人，并且以一种理性的方式施行他们的恶行。但康德在伦理学中强调动机的重要性，并且坚持普遍性是伦理学的一个本质部分，这很可能是正确的。

　　康德还强调**道德想象**的重要性。要有道德，我们必须总是想象我们是受其他人决定影响着的一方。换言之，邪恶的人可能只是缺乏想象。

伦理学说的对比

功利主义者和道义论者经常争论伦理学该是什么样子。有些人认为道德应当是实用的，将人类幸福和个人满足纳入考虑。另一些人认为它应当是纯粹的并完全超乎人类欲求之上。

> 功利主义和道义论会禁止我们在考试中作弊，但出于不同的理由。

> 但是在某些道德境遇中，这两种学说会产生不同的道德结果。

> 当你是一个乞丐，乘着进水的筏子，如果和道义论的脑外科医生在一起，你会很安全。

显然功利主义提供更多的灵活性，但道义论者可能更努力地保护道德，并且更加认真地对待做出承诺这类"向后看"的义务。两种学说经常达到相似的道德结果，尽管它们达到的方式非常不同。

休谟的激进怀疑论

大卫·休谟（1711-1776），一个苏格兰哲学家，质疑是否可能存在道德知识这样的东西。休谟是个激进的经验主义者和怀疑论者。他相信实际上所有的知识都必须来自我们的感觉。休谟发明了通常被称为**元伦理学**的伦理哲学类型——研究道德语言，它的意义、功能和确定性。元伦理学不给任何人提供道德建议。但它的结论常常令人吃惊。

在他的书《**人性论**》（1740）中，休谟问，像"谋杀是错误的"这类陈述到底是什么意思。

我的结论是，它不可能是一个经验陈述，因为虽然我们能看到受害者的血，听到他呼救，但实际上我们看不到杀他的人的错误。

"谋杀是错误的"尽管和"草是绿的"看起来在语法上非常相似，但说的事情却不是同一种类。

休谟还说，我们不能用逻辑或理性来证明道德信念的真。演绎逻辑的一个重大规则是，不允许任何人魔术般地从一个论证的前提中变出额外的信息，然后将其加入结论中。如果你这样做，你的论证就不是有效的。这儿是个例子：

所有的猫都有跳蚤，蒂德尔丝是一只猫，因而我们要让它远离沙发。

那是个虚假的论证。

你能从这个论证中证明的只是蒂德尔丝有跳蚤，没有更多的东西。同样，你不能从由两个这样的事实前提得出的结论中证明偷盗是错的……

他偷了那个人的钱包。社会反对小偷，因而他不应当偷那个钱包。

并且我要郑重声明，我也没有跳蚤！

那也是个虚假的论证。

在事实陈述（"是"陈述）和道德陈述（"应当"陈述）之间存在着鸿沟。这个论证不是有效的，因为它向结论"跳跃"。你不能用逻辑证明道德信念，这意味着你不能仅靠堆积事实来证明道德命题。

所以，道德陈述是一个谜，因为它们似乎并不属于经验或逻辑知识的标准范畴，而哲学家宣称唯有经验或逻辑知识才是真正的知识。

这意味着，那些相信"理性"是道德真理之源的哲学家是错误的，比如柏拉图和康德。

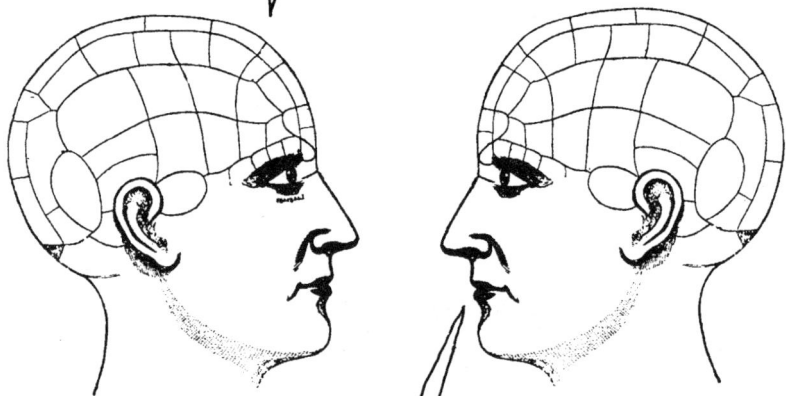

因而，如果我们不能从经验事实中建立道德知识，那么功利主义也不可能是科学的或可证明的。

信念是心理的

那么道德陈述是什么？休谟断言"杀人是错误的"这样的陈述，实际上是某些人报告谋杀对于我们的主观感受。所以，某人说"谋杀是错误的"不过意味着"我不赞同谋杀"。

> 从这样一个陈述中，我们可以确定的不过是一个个体的心灵状态。

休谟的确试图打消我们的疑虑，他强调我们通常都和这个人有相似的感受，因为我们都是"同情的"存在者，本能地认同处于困境中的他人。但是怀疑论者休谟坚决地向我们表明，我们能真正确定的"知识"少之又少。我们的道德信念是**心理**的而不是逻辑和经验的，但那并不意味着它们是琐屑和不重要的。休谟指出没有什么能阻止我们在近似于功利主义的基础上组织社会，尽我们所能使尽可能多的人幸福。

"是—应当鸿沟"是真的吗?

现在一些现代哲学家不太确定休谟是不是正确的。人们越来越怀疑"是—应当鸿沟"可能是一种关于伦理学的学说而不是伦理学的根本真理。只有在一定社会价值判断的背景下,"货币"与"债务"之类的事实才能存在。道德语词或陈述要么完全是事实性的,要么完全是道德性的,这种说法似乎不真实。

> "无家可归"……"父亲"……"财富"之类的词都既有事实内容,又有道德内容。

我们可以谈论社会和制度性"事实",例如遵守承诺,它可以产生这样的有效论证:

> 我做了一个承诺,在我们的社会中有一个遵守承诺的制度——因而我应当遵守我的承诺。

主观主义者和客观主义者

主观主义者同意休谟，认为道德不过是个体在告诉我们他们的感受。他们相信不存在道德"知识"这类东西——感受不是事实。

客观主义者如柏拉图和功利主义者则不同意。功利主义者是"自然主义者"，自然主义者相信有可能使道德成为某种经验知识或科学知识。柏拉图像大多数基督徒一样，是非自然主义者，他们也相信存在着道德知识这样的东西，但是它是从一种类似于直觉这样的神秘的非经验来源降临于我们的。

道德知识是可能吗？

主观主义者的观点和客观主义者的观点是不可调和的和古怪的。

说"希特勒是邪恶的"只是指一个人的感受："我个人不喜欢希特勒。"这是非常奇怪的。

但是宣称存在着道德"知识"似乎也是古怪的。如果某人说"木星上有人居住"，我们知道需要哪种证据来证明这个陈述是真还是假。

然而，我们怎么找到证据证明"谋杀是错误的"？

很难设想我们如何从对世界的经验研究中发现我们应当做什么。

这意味着我们不能证明儿童杀手应该被惩罚，也不能科学地证实他们应该被永远监禁，因为这会使大多数人感到幸福。

道德语言无意义

一个现代英国哲学家，**A . J . 艾耶尔**（1910-1989），像休谟一样怀疑伦理学"知识"的可能性。艾耶尔对道德语言的实证主义分析甚至比休谟的分析还咄咄逼人。在他的**《语言、真理与逻辑》**（1936）中，艾耶尔宣称道德知识是没有意义的。一个像"谋杀是错误的"这样的陈述甚至不是某人向我们报告他的感受，而**表达**感受。艾耶尔的**情感主义**有时被称为"欢呼 - 喝倒彩"理论，因为对他而言，某人说"谋杀是错误的"只不过是在说"谋杀，嘘！"或发出一种简单的情感性声音。

> 这意味着人们之间关于道德争端的任何一种论证都是完全徒劳的、不可解决的和非理性的。

> 安乐死，嘘！

> 我们到底如何可能在这种论证中判定谁是正确的？

> 安乐死，好哇！

在艾耶尔的观点中，所有的"道德哲学"都是某种语言和逻辑错误。没有道德"知识"或确定性这种东西，没有道德专家可以告诉我们什么是对，什么是错。

艾耶尔关于道德语言无意义的激进怀疑论震惊了许多英国道德"专家"。他们认为他对伦理学的逻辑分析不可避免地会导致虚无主义和道德混乱。

规定主义

一个更晚近的分析哲学家，**理查德·黑尔**（生于 1919 年），常常被称为**规定主义者**。在《道德语言》（1952）中，黑尔宣称"谋杀是错误的"这样的道德陈述不只是表达感受，而更像是劝告或命令，类似"勿谋杀"。在这个方面，黑尔是个康德主义者。

> 我相信道德是关于服从命令或遵循规则。然而，道德命令不同于普通的命令，不同之处在于它们是普遍的，而不是特殊的。

> 这就是为什么"勿偷盗"不同于"不要不戴护眼罩就使用车床"的原因了。

黑尔相信道德语言具有一种它自身的"内置"逻辑，因为它把普遍规则应用于特殊事例，与逻辑的做法非常像。所以，他和康德一样，认为凡是邪恶的就是不一致的。

想象的重要性

黑尔还强调想象在伦理学中的重要性。如果普遍性要具有约束我们行为的功能，我们就必须能够想象对于接受者这一普遍性将会是怎样的。

尝试着说："是的，因为我是黑人，你可以奴役我。"……

……或者："你可以杀了我，因为我是个犹太人。"

某些批评者已经指出，一小撮疯狂的种族主义者可能仍然会同意这一观点，即便他们自己也是接受者。

但是或许我们永远也别指望去向狂热分子证明伦理学。

同时，黑尔会在什么时候允许你辩解说你是一个特例，这一点并不总是清楚的。我们很可能都同意对一个在面包店外带着饥饿的孩子的妇女主张豁免于"勿偷盗"的规则，但搞清楚"豁免规则"是怎样的并不容易。

黑尔的规定主义还有某些奇怪的后果。说"希特勒是邪恶的"意味着"别像希特勒那样行事"，或"圣弗朗西斯是个好人"意味着"捐出你所有的财产并且向鸟布道"。许多人宣称像这样的陈述根本是**描述性**的而不是规定性的。

选择去成为：存在主义

一个更浪漫和个体主义的哲学家，存在主义哲学家**让－保罗·萨特**（1905-1980）相信每个个体都是独一无二的，因此没有人能概括出"人性"。这意味着道德哲学不能从人性的定义中得出，不论这个定义是有一个目的（亚里士多德），或者有理性（康德），或者作为痛苦—快乐有机体而存在（边沁）。

为我们的"本质"秉性或特征负责的正是我们自己。

如果我们是"懦弱的"，那么这是因为我们选择是"懦弱的"，不是因为上帝或者自然把我们造就成那个样子。类似地，如果我们是邪恶的，那么我们可以选择不邪恶。

虽然"事实性"（例如经济的或遗传的）限制了我们能选择的范围，但根据萨特，我们的自我造就是完全自由的。

我们不像裁纸刀或姜饼人，已经被"造成"具有某种预定的特征。

对萨特而言，那些否认"自由"这一事实的人，是不本真的懦夫和有着"坏信仰"的人。那些寻求或给予道德指引或建议的人是同等的愚蠢和邪恶。而且，作为一个规则，社会总是限制我们的个人自由，并想要把我们铸造成"好公民"。

无法做出决定的学生

在被德国占领的法国，一个学生无法决定是加入抵抗运动还是留在家照顾他孀居的母亲。

没有道德"体系"、"规则"或"导师"能帮助他。他选择做什么是完全自由的，因而他必须为他的最终决定，以及如果做了错误决定可能产生的全部"苦恼"负完全的责任。对于萨特，道德整个以选择的**自由**为中心，而不是所选择的事情。

萨特暗示，对于那个学生和我们其他人，做出道德决定是一个孤独的、直觉性的和完全个体的事务，是做出"根本选择"。

在他的论文《**存在主义与人道主义**》（1948）中，他用康德式的提议对他严苛的建议做了一些弱化，即一个好的存在主义者将力图过一种生活，过这种生活的决定是"仿佛为所有人做出"的决定。但是他把道德法规从存在学说中排除出去的努力并不真的有说服力。给人留下最深印象的是他对道德信念体系、规则和学说的抨击。

> 或许对于道德我们根本说不出什么"一般"的东西。

> 但是，如果是这样，乍看起来似乎很难看出我们怎么能使用"正确"和"错误"这样的词。

而且，似乎很难想象萨特的学生必须做出某种"根本的"道德选择。大多数人会说他正在两种规则之间选择：你应当保护你的妈妈和你应当保卫你的国家。萨特关于我们"完全自由"的观点也同样奇怪。很多人可能说他们的自由远不是"完全的"。

理解萨特对"存在主义自由"的宣扬，必须与被纳粹占领的法国的黑暗战时背景和传遍欧洲与远东的法西斯制度的极权主义噩梦结合起来。除了纯然的痛苦选择外，在这种条件下个体还能有什么选择呢？

要么与纳粹合作……

……要么直面死亡的危险去抵抗它。

……要么待在家里"照顾妈妈"，接受现实。

　　毫无疑问，萨特和其他存在主义者强调，个体的道德行动的特征是"痛苦"、"绝望"、"荒谬"和"勇敢"。吊诡的是，完全自由是由极权主义的**不**自由提供的唯一选择。"人性"、"理性"、"功利"等等问题，在处于完全危险中时，都是不相干的。

通向后现代主义之路

　　战后伦理学的故事内容是幻灭和不确定性不断加速增长。这有几个原因。一个是战后哲学的重点从知识问题变为了意义问题。正如我们已经看到的，这带来了从认识论到伦理学的迁移。

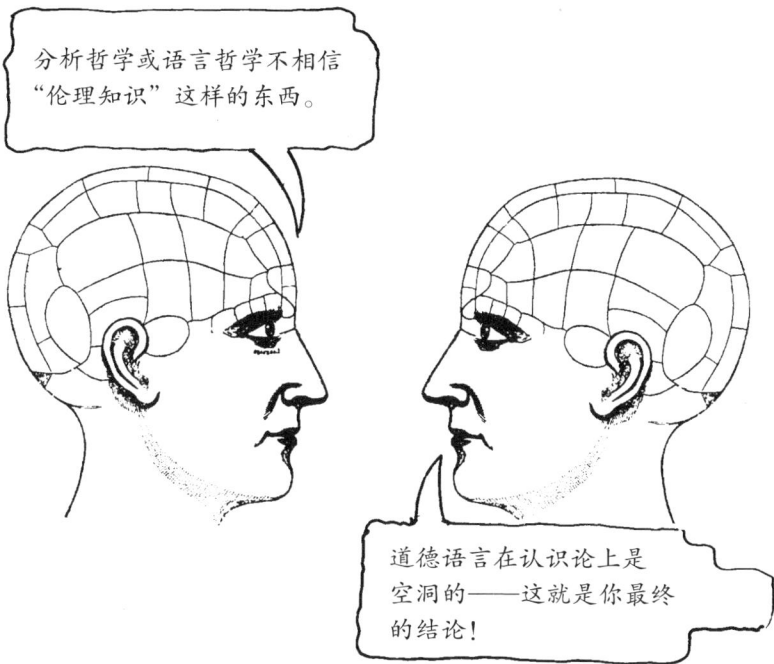

分析哲学或语言哲学不相信"伦理知识"这样的东西。

道德语言在认识论上是空洞的——这就是你最终的结论！

　　像"偷盗是错误的"这样的伦理陈述不能被经验所证实或被逻辑所保证，因此成为纯粹主观的情感表达。如果所有的道德哲学所做的事情就是产生没有意义的"伪命题"，那么所有的伦理学基础就都消失了。我们就只剩下没有任何基础、不提供任何保证的无法证明的人类信念。

这种叫人性的东西是什么？

　　萨特关于伦理学的"主观性"的观点是一个很重要的观点，因为它再次强调了对"人性"的传统定义的怀疑。

> 这种定义作为伦理学的基础为什么是有效的？

> 我们也已看到，过去的不同哲学家所提出的关于人性"事实"的大量主张是怎样的各不相同。

> 要么它是某种固有的和普遍的东西，要么它是某种社会性地制造的东西。

　　关于人性的这些大量形形色色的主张的存在，很可能表明令人满意和令人信服地定义它有多么困难。20世纪关于人性的观点变化得非常迅速和剧烈。我们现在看得更加清楚,关于人性的定义通常是意识形态的产物——一个群体用来压制另一个群体的说服性神话。

弗洛伊德的心理模型

在精神分析被引入西方智识传统后，连参与这种"定义活动"都非常困难。**西格蒙德·弗洛伊德**（1856-1939）可能不是他自认为的伟大科学家，但他大大改变了我们对自己作为道德存在的理解。

> 直到弗洛伊德之前，大多数道德哲学家都假设人类心灵是"可以被察知的"。

> 他们在这样一个假设下工作，即我们总是掌控着我们的思想过程，并且我们所做出的选择是"我们的"选择。

> 我把它完全改变了。

弗洛伊德关于人性的观点是一种决定论的观点。人类被本能的心理结构所设定，这个结构的建构历经婴儿期到成年，由**无意识**、**自我**和**超我**等"层次"构成。人性的"真正"活动可以在患神经症和精神病的个体身上，或者在"正常"或"健康"个体的梦中或"口误"中最清楚地观察到。

无意识与道德自律

我们的无意识强有力地迫使我们去满足本能欲求，而超我则坚持要自我拒绝。超我类似良心；它像父母的声音有效地提醒我们童年时代获得的社会规范。意识的自我要花费很多时间在超我的权威和同样不妥协但更原始的无意识呼唤之间做调停。

这个人性的三方模型被批评为完全不科学，它的确如此。但是，作为对人类心理的一种隐喻性解释，它具有极大的文化力量。弗洛伊德强调个体的无意识欲求和文明的稽查和控制力量之间必然出现的恒常和不可避免的冲突。

为了成为社会存在，我们不得不牺牲和拒绝某些个体满足。

有道德可能根本不符合我们的"真正"本性……把道德体系建立在我们是什么的基础上，明显在本质上是不可能的。

如果我们几乎完全忽略我们的态度、习性和欲求的真正根源，那么我们如何能全面地控制我们的道德生活？我们可能有我们道德行为的原因，但不是理由。如果弗洛伊德的决定论图景是真的，那么它将对任何个人道德责任的概念构成严格的限制。自由意志在任何道德行动者中的必要性可以追溯至亚里士多德。休谟指出，虽然我们的行为可能是"有原因的"或"被决定的"，这并不意味着我们是"被强制"或"被迫"以某种方式行事。

> 如果我的手臂不自主地痉挛打到了某个人，那么我不受指责；但如果我选择打某个人——即使我的选择是被决定的——那么我要为我所做的事负责。

> 但是我提出，我们并不真的以休谟相信的那种方式拥有我们最内在的思想……

大多数道德哲学家会说，虽然很可能弗洛伊德所宣称的我们内在的自我可以被内在和外在的力量塑造和支配是正确的，但我们并不完全被它们控制。如果我们完全被它们控制，那么它肯定不像那样被感觉——并没有很多人相信他们自己是道德机器人。

拉康：自我的虚构

弗洛伊德最激进的现代门徒是**雅克·拉康**（1901-1981）。拉康是激进的，因为他提出无意识绝不是某种我们必须通过我们的意识本身加以控制的原始实体，而就是我们存在的"内核"。"我在我认为我不在的地方"。

根据拉康，无意识的构成就像语言，这就是为什么它经常用双关语来向我们呈现它的存在。因而"自我"本质上是语言性的，而且，既然语言是一种先于个体而存在的结构，那么整个"人类特性"的概念就被解构和站不住脚了。

这意味着道德哲学（它不可避免地强调动机和自律占首位）受到威胁。如果自我是一个虚构，自我知识或道德选择怎么可能是"我们的"而不是纯粹的语言构造？

Sincerely,
Sigmund.

大屠杀与启蒙的背叛

对战后伦理学影响最大的可能要算第二次世界大战本身了。一个文明的西方民族对上百万无辜公民的有效而理性的工业化屠杀，加速了对人类潜能和伦理进程的侵蚀。恐怖的集中营导致了对人性的一种更加犬儒主义的观点，认为人性是某种肮脏的霍布斯式的东西，或者更糟，是一种完全"可塑"的或空洞的东西，有待于领导者为它做出道德选择。

许多人对不道德的恶魔盲目服从，无意义地系统灭绝少数人，二者令人困扰的结合，使得许多战后的哲学家和思想家急忙开始寻找各种理论来解释这种大规模的恶。

或许战争使得弗洛伊德所说的"死亡本能"得到释放并获得了控制权。

或许对太多的存在主义自由，许多人有一种莫名的恐惧，他们寻求个人的和政治的确定性——无论道德上的代价是什么。

理性的危险

战争清楚地揭示了理性在计划和制造人类痛苦中扮演的角色。更加理智的英国启蒙作家和哲学家，像休谟和斯威夫特，对于理性是人类智慧之源深表怀疑，并且一直破坏它的根基。

> 我认为理性在伦理学上是"惰性的"。

> 我反讽地提出，以吃掉爱尔兰儿童来解决人们察觉到的爱尔兰人口过多的问题，这是完全理性的。

更晚近的"后现代主义"思想家，例如**让－弗朗索瓦·利奥塔**（生于1924年）和**雅克·德里达**（生于1930年）则更加激进。

> 我们主张，理性自身是一个虚构。它是一个人类语言构造，不是超验实体，事实上……

> ……人类自己给自己造成如此多的痛苦，部分的原因正是对"理性"的崇拜。

太多的哲学家对理性和它能产生普遍的、真实和永恒的东西抱有绝对的信仰。这种对现实（我们的信念只是选择性的和偶然的语言构造）的盲目会导致危险的政治确定性，这种政治确定性坚持排除"他者"——即有时表现为无权且脆弱的少数派。

后现代主义怀疑论

所以，伦理学处于困境中——它的语言不过是情绪性声音的表达，它如此经常地作为基础的"人性"只是虚构；被我们相信是道德智慧之源的超验"理性"则可能产生某种非同寻常的东西——高效的邪恶。

这将我们带入**后现代主义**自身的新的深渊，它甚至更增加了伦理学怀疑论和不确定性。在这种伦理学确定性的丧失之上，后现代哲学家又加之以一种恣意放荡的"相对主义庆典"。

现在更加清楚的是，过去的道德哲学家所做的不过是在玩他们自己的有局限性的语言游戏。

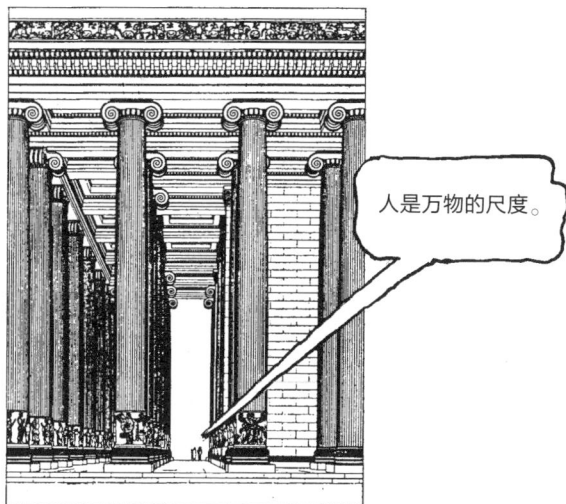

人是万物的尺度。

对于 20 世纪，这种怀疑主义结论并不新鲜。智者普罗泰戈拉在公元前 5 世纪的雅典说过类似的话。"后现代主义"的许多思想可以回溯到**弗里德里希·尼采**（1844-1900）和他对"形而上学"的突袭。

我们所有的哲学家刻板认真、令人发笑地……想要给道德提供一个理性基础；迄今为止的每个哲学家都相信他提供了这样一个基础。然而，道德自身却被当作"所予"接受下来。

人性，太人性的

后现代主义粉碎了许多长期持有的信念。某种"客观实在"的存在，或者通过"理性"认识它的可能性整个遭到了怀疑。存在某种"人性"甚至遭到了更大的怀疑。这意味着并没有一个"阿基米德杠杆"或最高原则可以告诉我们哪个伦理学体系是最好的或最真的。我们生活在一个相对主义的宇宙中，这里只有人类真理和人类伦理学。

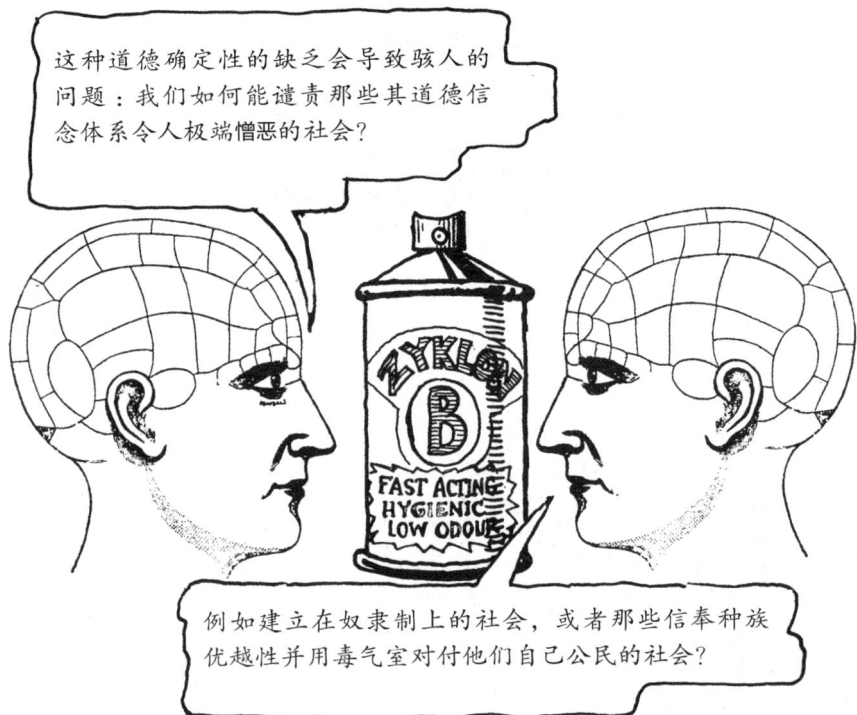

这种道德确定性的缺乏会导致骇人的问题：我们如何能谴责那些其道德信念体系令人极端憎恶的社会？

例如建立在奴隶制上的社会，或者那些信奉种族优越性并用毒气室对付他们自己公民的社会？

如果没有清晰并且可以证明的、我们所有人同意和共有的道德价值，我们怎么能防止未来个体或政府对我们其他人施恶？

后现代主义愿景：超级市场奴隶制

那么后现代主义提供给我们什么道德未来？后现代主义颂扬不确定性和多样性，所以它不可能确定地指向一个伦理学结局。但这里有一些……

晚期资本主义的未来将会缺乏资源，人类在遗传上被设计，巨大的法人雇主雇用着奴隶般的劳动力，用高技术监控栖居在现在时态图像世界中的跳频消费者。消费主义图景的恒久"奇观"将会控制和催眠个体公民，让他们接受资本主义的"道德"。

> 这种道德坚持对生产和消费的需要、对无意义劳动的接受，以及个体的相互隔离。

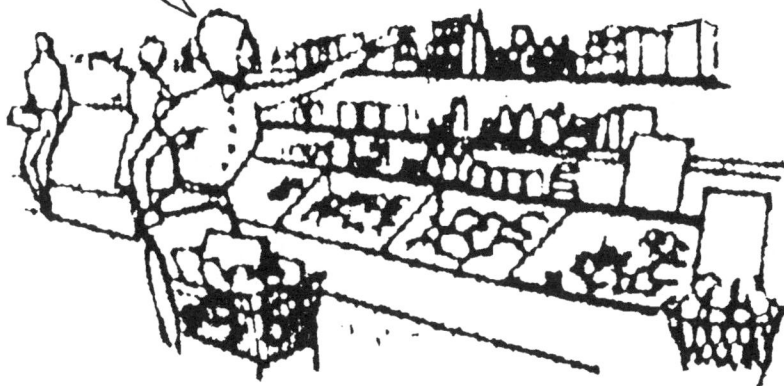

> 西方人将成为工作上的奴隶和超级市场中的奴隶。

> 个体道德将不复存在。唯一的选择将是消费者在不同产品之间做出的选择。

后马克思主义批评理论

这些关于资本主义道德和意识形态的观念来自几个 20 世纪的思想家，他们经常被不精确和误导地归入"马克思主义者"。他们都倾向于强调我们的"个人道德"多么具有政治性，我们的信念中真正属于"我们的"有多么少。

安东尼奥·葛兰西（1891-1937）引入了像"霸权"这样的分析术语，帮助我们理解我们思考新政治或道德观念的自由是多么的少。

赫伯特·马尔库塞（1898-1979）随后解释了资本主义是如何迫使人们把自己首先看作是"单向度的"具有虚假需要的孤立消费者。

> 我购物所以我存在。

资本主义国家产生封闭的言说形式，使得其他观点实际上变得不可能。

> 因为人们倾向于把他们的社会世界看作"固定的"和"嵌入的"，资产阶级政府便能够通过说服人们相信资本主义社会是"自然的"和"常识性的"来控制他们。

葛兰西强调意识形态超级结构（学校、教会、媒体、家庭等等）在造成普通人同意对他们自己的压迫中的作用。

> 人类社会把意识形态伪装成对他们的历史生活必不可少的元素和基调。

罗兰·巴特（1915-1980）
强调"实在"是制造出来的；它是一种从复杂的符号系统中导出意义的社会构造。所以，谁支配了话语，谁就决定了什么是"实在"。

米歇尔·福柯（1926-1984）
拓展了马克思关于知识是一种"意识形态构造形式"的观点。对于福柯，知识是一种有权力者用来压迫弱者的"构造"。

许多文化和政治的东西"被自然化"而进入"常识"……它"不言而喻"……

通过宣告"理性"版图和什么是被允许的思想和行为，有权力者能够让每个人确信，"地方性的"和"区域性的"东西实际上是普遍的和无可置疑的。

巴特使用"神话"这个术语来描述被标榜为"自然"的意识形态构造。一个明显的例子是关于"穷人"的神话或意识形态构造。

那些不同意的人就被归类为疯狂或不理性，因而可以相应地处置。

穷人是懒惰的，对我们其他人是个麻烦，他们不会预算，他们智识低下，并且"总是与我们同在"。

尼采式的纨绔主义

有另一种关于我们伦理学未来的不那么暗淡的后现代主义愿景。**理查德·罗蒂**（生于 1931 年），美国实用主义哲学家，建议所有人都接受和欢迎这样一种后现代主义愿景，其中任何"知识"和"客观性"这样的概念都消失了；思想家和作家必须成为发明他们自己的私人"趣味伦理学"的浪漫主义者；后现代知识分子应当对大规模的道德真理和乌托邦愿景采取玩世不恭的态度，培养一种对任何人类信念，包括对他们自己的信念，都反讽地与之保持距离的态度。

因而我们能追求一种充满好奇的生活，这种生活将是喜剧的，嬉戏的，自由的和创造性的。

这是一种存在主义的或尼采式的愿景，个体在一个相对价值的世界中持续不断地寻求"自我丰富"和"自我扩张"。

所以罗蒂的道德是一种私人道德，不大关心群体的福祉——它可能导致一种政治无为主义。但是如果不再有伦理学的"宏大叙事"，就像利奥塔所宣称的那样，或许剩下的就只有顽皮的解构和反讽？或许。

现代主义之恶

在《后现代性的暗示》中，社会学家**齐格蒙·鲍曼**（生于 1925 年），对于未来的后现代主义社会将会是什么样子，努力地做出了一系列预测。像利奥塔和 **T. W. 阿多诺**（1903-1969）一样，鲍曼对**现代主义**的政治议程，以及由幼稚地信仰"进步"和"理性"的政府推行整个秩序的梦想深怀敌意。现代主义已经成了"向着监狱的长征"，产生了这个世纪的"全景社会"。极权主义国家（现代主义最虔诚的信徒），现在已经向我们暴露出它在环境上是灾难，在道德上令人憎恶。

我的观点是，正是因为这些社会坚定地信仰他们的乌托邦愿景的客观性，所以它们是如此骇人听闻的专制主义者和如此的高压。

道德哲学和立法者

哲学家和其他法律知识分子必须接受某些对现代主义灾难的指责。柏拉图关于掌握绝对权力的"哲学家国王"的自信梦想是个诱人的梦想。许多道德哲学家，例如康德，相信"理性"的绝对客观性是他们的立法权威的来源。这种对伦理学确定性的信念具有了传染性——这有助于加强政府牢不可破的自信，相信它们的知识对于它们控制之下的人们是最好的。后现代主义哲学家不再相信这种"基础哲学"，强调需要道德和政治信念与解释的多元性。

人类知识日益显得根本不可能有基础——对伦理学来说尤其如此。

死去已久的安提斯泰尼警告说人类不可能获得确定性，他很可能是正确和明智的。

后现代主义社会

所以，我们现在生活在一个后现代主义社会中。没有回头路。正如利奥塔提出的，我们的后现代世界现在将日益变得"原子化"，政治和智识的"宏大叙事"都丧失了它们的可信性。资本主义与消费主义可能会兴旺——后现代主义社会需要多样性，而资本主义善于提供多样性。

因为不可能再有任何政治或道德的宏大叙事，伦理学争论将日益集中在一个"冷淡漠然的无主之地"中的单个议题活动上，鲍曼说。

后现代主义的道德行动者

后现代主义伦理学最重要的特征，在个体层面上，是缺乏任何普遍共有的道德价值。哲学家们错了——不存在客观的"跨地域的"道德真理。这意味着将有更多的伦理混乱和不确定性。必须在没有可靠的哲学基础的情况下做出道德选择。

较之任何其他东西，后现代人类状况是一种"心灵状态"。任何不得不做出道德选择的人将会发现，不存在指出通向道德正当性之路的路标。我们将不得不依赖恒常的自我审视、自我评价，并且经常磨砺我们的道德意识。这意味着将存在着对道德争论和伦理差异的一种健康的强调，以及关于我们的权利和作为道德行动者的技艺的新问题，将存在着关于道德争端的冒险和不确定性。

一种后现代希望：新部族

后现代主义意味着"鼓励自由追求一切，但是又对什么值得追求和一个人应该以什么名义追求犹豫不定"。

根据鲍曼，这种个人道德自由可以引向许多方向。它可以引向一个实用主义的个体组成的开放宽容的社会，这些个体不断地进行道德争论。鲍曼对 20 世纪集体主义乌托邦的恐惧和厌恶，意味着他比其他人更肯定一个后现代世界中会提供给我们的机会。

人们更喜欢与那些和他们有共同价值观及信念的人聚在一起。

所以，缺乏宏大叙事很可能将产生更巨大的社会破碎，形成一系列自治的"想象共同体"或"新部族"，每一个都有它自己的一套变化着的地域道德价值。

"新部族"不同于传统的部族（传统部族的权威建立在强制和世袭权力的基础上），坚持成员是自愿的，他们共享某种价值和"语言游戏"，并且有一种以"自我认同"为基础的部族认同。然而，这种小规模社会系列的愿景有它的危险。有共同道德价值的小共同体在接纳的同时也倾向于排斥，并且可能变成竞争的和不宽容的。

这意味着必须一直强调宽容的必要性。

这种宽容赞扬和尊重差异，拒绝任何"一元逻辑"的确定性。

社会伦理学

后现代主义时代目标更为谦卑的道德哲学的注意力，可能集中于更加温和的建议上面。

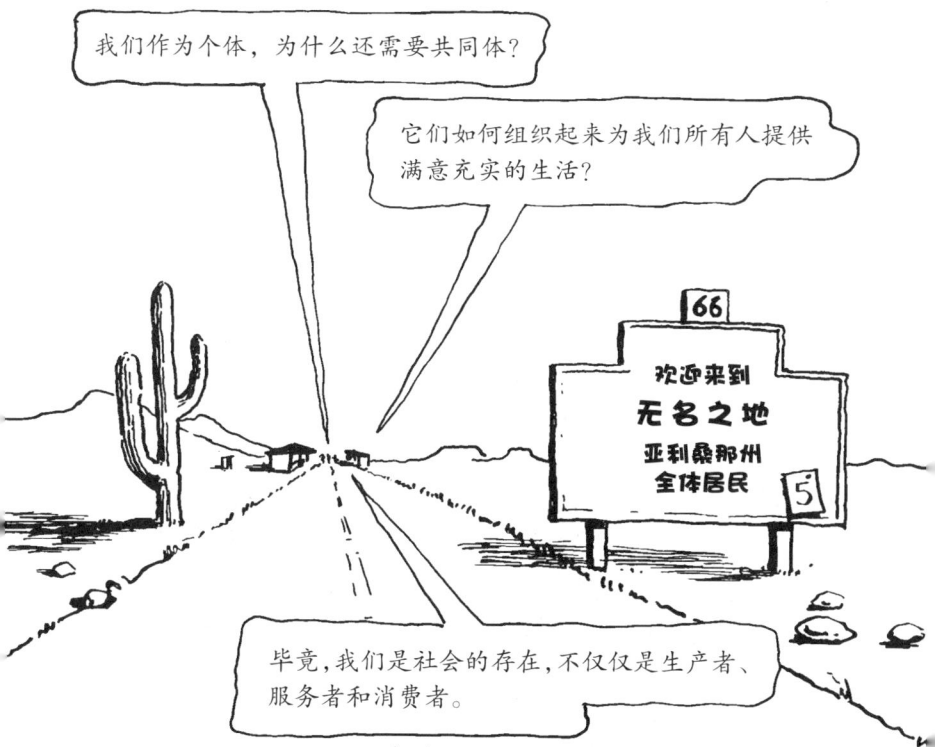

我们作为个体，为什么还需要共同体？

它们如何组织起来为我们所有人提供满意充实的生活？

欢迎来到
无名之地
亚利桑那州
全体居民

66

5

毕竟，我们是社会的存在，不仅仅是生产者、服务者和消费者。

两个采取这种研究进路的哲学家是**约翰·罗尔斯**和**阿拉斯代尔·麦金泰尔**。

约翰·罗尔斯（生于1921年）是一位对宏大的道德"叙事"不那么感兴趣的哲学家，他更感兴趣的是对于产生一个正义的社会，什么样的社会和法律协议是必要的。（这种保证个体需要和社会需要之间平衡的"最低要求"也是其他人在"博弈论"中探究的对象。）如果罗尔斯的哲学得到采纳，将有助于使一个看起来严酷的后资本主义未来变得更人道。

未来的共同体：新社会契约

罗尔斯的《正义论》试图从一种新的社会契约中导出伦理学。罗尔斯要我们想象一群古怪的非历史（ahistorical）的存在者，他们聚集在一起，就一个他们和他们的孩子将生活于其中的未来共同体达成一致。

我们是理性的，自利的，并且在地位上平等。

最重要的是，我们对自己在这个未来共同体中的经济前景和可能的地位完全不知道。

我们被要求发明一系列规则，我们认为，要使这个未来的社会公平正义，这些规则必不可少。

"无知之幕"保证这个社会中受惠最少的成员将得到某种保护，因为每个人都想要确保他们自己不陷入一种未来可能的困乏生活。罗尔斯提出这样一个群体将会形成"自由"和"差别"这两个原则。每个人都会想要自由地过他们自己的生活，并且有不同的生活目标。

社会正义

几年后，某些生气勃勃和有企业家精神的个体会比其他人过得好。

但是，不管发生什么，由于最初的契约，境况最差的社会成员的最低生活标准会得到保障。

成功先生

有三个孩子要养

如果最贫穷的社会成员得到最低限度的工资，那么或许资本主义与伦理学就可以调和了。

然而，如果大多数人得到的只是有时称为"涓滴"的东西，那么他们可能会觉得当初那个交易不划算。的确，许多生活在西方式资本主义经济中的人，看到他们的生活标准和工作保障快速受损，可能会欢迎一个罗尔斯的社会。

复兴亚里士多德

到现在有好几年了，哲学家**阿拉斯代尔·麦金泰尔**（生于 1929 年）一直建议伦理学应当少关注个体和他们的私人道德决定，而应该多关心共同体和它的道德健康和福祉。像麦金泰尔这样的新亚里士多德主义者，建议伦理学应该多关心我们应该做什么样的人，而不是我们应该做什么样的事。这种道德哲学通常被称为"德性伦理学"。

麦金泰尔认为现代伦理学深陷困境。他批评许多现代伦理哲学，因为它只包括道义论者和功利主义者的内部两败俱伤的战争，或者它是冷冰冰的分析和理论。麦金泰尔的伦理学进路是历史的。

我首先考察雅典人对"德性"的信念，他们认为德性对任何想要做"成功"之人的人都是必要的。

我们最初看作必不可少的德性是那些对受威胁的小共同体来说至关重要的德性：强壮、勇敢和同志之谊。

当希腊社会变得更加复杂，其他德性，例如正义（法律正义和分配正义）、节制和智慧被补充进来。

所以，对于我们雅典人，"好人"这样的词有着非常具体的事实性意义。

伦理学为什么陷入混乱？

根据麦金泰尔的观点，这种希腊道德的确定性被休谟和艾耶尔这样的怀疑论者侵蚀了。康德把道德变成了冷静漠然地行使理性，而功利主义者把它降低为一套不起作用的伪科学计算。所有这些学说，不论是"启蒙的"还是"维多利亚式的"，都错误地认为他们的特殊伦理学是客观的，而他们其实是特殊的"区域性"学说。

不断侵蚀道德信念而最终导致空洞的哲学，例如艾耶尔的情感主义，它无视任何共同体或公共价值的观念。

古希腊的膝上型电脑。

这导致一个道德价值空虚的社会，其中的人有时候是功利主义者，有时候是康德主义者，有时候是柏拉图主义者，而通常是完全混沌的。

根据麦金泰尔，我们生活在一个"官僚主义者、审美主义者"和"治疗学家"的世界中。

传统中的希望

这是一个关于伦理学史和哲学史的悲观论点。然而，麦金泰尔强调，希望仍然存在。人类不可避免地是共同体主义者——在工作中，在运动中，在慈善工作中，以及在所有形式的人类活动中。公共生活借由传统以及个体成员心中的那些被群体所鼓励的气质和德性而维系在一起。

> 一切道德都是传统的结果。认为一个人可以作为某种"纯粹个体"而存在，或者基于"理性"构想某种无传统的永恒道德体系，是徒劳的。

他提出我们需要一种新的伦理哲学。亚里士多德的一个核心观念是，我们应该使人们习得对他人的良好气质，使得道德行为变得近乎本能，而不是依赖于道德"体系"。关于这些会产生"道德行为"的气质或德性是什么，麦金泰尔有些含糊不清，虽然他暗示"世代的智慧"会告诉我们。

我们所处的状态

许多哲学家和政治评论家越来越相信,麦金泰尔和亚里士多德在此或许发现了某种重要的东西。如果随着千禧年的来临,我们相信社会道德和个人道德双双崩坏,那么或许哲学家应该更深入地考察二者的关系。**威尔·哈顿**最近关于"国情"的书显然对这种共同体主义满怀热情:

"需要的是发展一种新的公民概念。英国必须……具备一种制度,允许新型的经济、社会和政治的公民身份。经济公民身份将为改革金融和公司结构开辟道路;社会公民身份将让我们有机会构建一个在主动团结基础上的明智的福利国家;而政治公民身份为政治多元主义和真正的合作开辟道路。"

《**我们所处的状态**》,威尔·哈顿,1995

什么是德性

对新亚里士多德主义者来说，这里至少有一个大问题是必须解决的。什么是德性？真的存在着我们可以从"世代的智慧"中得出然后加以鼓励的德性吗？

其他后现代主义哲学家会非常怀疑这样一种"探索"。不同的文化无疑会坚持它们认为适合其成员的不同"德性"。

例如，原教旨主义穆斯林可能建议应该使儿童习得"通奸应该处以石刑"的观念。

对边陲社会必要的德性，例如勇武无情，不适合一个更开化的社会。

一个马克思主义批评家可能会说，"世代的智慧"比麦金泰尔似乎认为的更易受意识形态污染。

后现代主义走向何方？

现在要说后现代主义伦理学将是什么样子还为时过早。可能根本不存在某种我们通常认作是伦理学的东西。目前看起来，它可能是某种古希腊犬儒派的腐朽的怀疑主义和亚里士多德健康的实用主义的古怪结合。它坚持不存在任何宏大的伦理学真理，这似乎是智慧的。后现代主义强调我们应当警惕那些既宣称这种真理存在、又宣称有办法获得这些真理的哲学家和政治家，这似乎是明智的。

> 后现代主义可能不能忽略这个事实，即我们人类是不得不群居的个体……

> ……如果我们要成功地相处，我们就总是需要协议、行为法规或道德规则——即使我们认为它们没有"基础"。

亚里士多德总是主张伦理学只是政治学的一个分支而不是形而上学的分支，罗尔斯、麦金泰尔和鲍曼这样的各不相同的写作者似乎都同意。

新女性主义伦理学的时代

某些女性主义哲学家，像**玛莎·努斯鲍姆**（生于 1947 年），相信正是男人喜欢发明精心制作的抽象形式"体系"，他们将他们的体系和他们的道德问题强加给这个肮脏的人类世界。

> 但是有专属于女性的德性吗？

> 许多世纪以来，主流的父权主义关于女性真正"本性"的观点是，她们比男人更偏于直觉、非理性、温柔、被动无私和有同情心。

妈——妈——什么是烹饪？

> 这些表观品质通常将女性局限在家庭领域。

玛丽·沃斯通克拉夫特（1759-1797）抨击这种关于女性"本性"的观点是一个意识形态建构，其原初的功能就是使男性在公共生活中的优越地位合法化。

在女人的生物学"性别（sex）"和她们由社会和文化所决定的"性别（gender）"之间有明显区别。

所以，如果"女性本性"真是一个社会的和历史的建构，那么关于"女性本性"的本质主义学说对任何女性主义伦理学都是一个问题。

朱丽娅·克里斯蒂娃（生于 1941 年）强调没有"本质的妇女"这种东西，首先是因为后现代主义怀疑"特性"概念本身。

私人领域与公共领域

但是，有些女性主义者相信，这些传统的性别"德性"进入公共领域，会有某些吸引人之处。

男人掌管世界的公共事务已经历时很久了，并且相互具有侵略性，对这个行星具有破坏性。

由掌权的马基雅维利主义的男人所集结成的群体，其共同行动的记录并不良好。

但是，"女性德性"是固有的还是社会设定的，并不是真正的争议所在。

是时候采用实用主义进路而不是本质主义进路了。

她们主张某些运用于私人领域的传统"女性德性"，如合作和关怀，应该在野蛮无情的男性"公共领域"中得到更优先的地位。

明智的杰克和敏感的艾米

关于针对道德困境的不同以往的"女性主义"进路，一个很好的例子是在**劳伦斯·科尔伯格**著名的道德发展研究（《**道德发展哲学**》，1981）中由"艾米"展现的。

两个孩子，"杰克"和"艾米"，被置于一个道德困境。

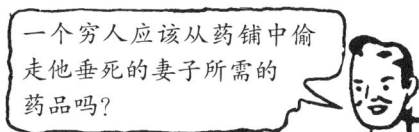

一个穷人应该从药铺中偷走他垂死的妻子所需的药品吗？

老练的杰克（一个行为功利主义者）会说什么？

令人惊奇的是，艾米有另一个回答。

是的

这个丈夫应该去和药店主解释他的处境——

——并且考虑是否能以这种方式找到一个解决方法。

所以，杰克或许错误地相信道德问题可以通过一个单独的个体咄咄逼人地应用某个道德"体系"来"解决"。其推论是，女人着眼于道德困境中的关系与情感的细节，并试图协商处理。

但是仍然不十分清楚，是否男人和女人处理道德争端的方式之间真的存在可以预料的差异。女人更少理性而更具"直觉性"的提议很容易被描写为一种弱点而不是长处。许多哲学家相信道德伦理学的一个核心特征就是它的普遍性。（例如，假设"艾米"不是非常擅长说服协商，会怎么样？）

不同的道德优先考虑

或许看待这种差别的更好的方式，不是宣称女人以不同方式思考道德问题，而是表明她们的道德优先考虑什么。

因此，举例来说，经历怀孕和生产的女人可能更难接受战争中的伤亡，因而全然不能接受战争。

照料孩子的女人可能非常倾向于赋予合作与关怀更高的价值，并且感觉对一个健康的物质和社会环境有更强烈的需要。

但是养育孩子的实践活动不仅是"生物学的"，而且同样是文化的，而且很难看出这种活动怎么能用来作为一套非常新的、普遍的、性别中立的，并且可以在每个人身上都倡导的伦理"德性"的基础。

S . H . E

　　道德学说和体系都出自于将女人置于从属地位的社会中，这是一个没有被普遍承认的事实。如果那些传统上与女人相联系的考虑和活动，被给予了比传统上与男人相联系的考虑和活动更高的地位，那么道德优先事项可能变得非常不同。

　　答案很可能是一个 **S . H . E**（理智、人道、生态）社会。

环境伦理学

对于我们的世纪，一个真正独特的道德问题是我们与自然环境的关系问题。这个问题的产生部分是由于近几十年来惊人的人口爆炸，以及新兴工业化社会令人惊恐的增长，最初是在西方，现在是在远东。二者都产生了对这个星球的空前污染。

许多生活方式被消灭了，其他的居留地被毒化和破坏了。

整个生物圈自身受到全球变暖和臭氧层破坏的威胁。

我们的物种大量繁殖，成就巨大，但现在迫切需要一种新的环境伦理学。

我们需要就我们对自己星球的行为达成一致，其程度甚至超过了我们对星球已造成了何等损害的详细科学信息的需要。我们需要另一种与我们现在支持的意识形态非常不同的经济、政治和文化意识形态。

人类中心主义伦理学

"环境伦理学"意味着什么或者像什么样子，目前没有人完全清楚。传统的伦理学说一直自私地以人类为中心。

我只对人类潜能和幸福感兴趣。

我们的义务专门针对我们自己物种的其他成员。

功利主义总是优先考虑人类幸福。

我们需要的是某种不那么自私地考虑人类而更加"全盘性"的伦理学。

它必须能够在一系列复杂的全球性经验事实与人类意识形态和价值之间做出仲裁。我们能从过去获取的道德哲学对我们没有多少帮助。

或许佛教对简朴和节俭作为一种内在价值的强调是一个有用的起点。

纽布利案例

很少有人相信，无论付出怎样的环境代价，也要不懈地追求物质财富和工作。在这个方面政府可能比普通人更受到伦理上的挑战。当前的英国政府仍然大力投身于"汽车文化"，但是它最终开始认识到汽车和卡车给乡村和城市环境中的居民生活带来的危害。

每天有 27000 纽布利市民受到 50000 车辆的噪音和污染的折磨，其中 10000 辆是大型载重货车。

一条计划中的支路将要穿过树林、水草地和一个被称为斯奈尔斯摩公地的石南原，并且跨越肯尼特和兰伯恩河。

这个公地和这些河流是"科学上特别有趣的地点"。这条新路很可能摧毁或严重破坏一种罕见的当地夜莺群落，而且，由于要使其中一条河流改道，还有些许可能造成一种罕见的河生蜗牛灭绝。

它重要吗？

一种功利主义论证

一个普通的伦理学和环境论证是人类中心主义的功利主义论证。

这种熟悉的功利主义的论证类型非常有力，但仍然只把人类幸福置于它的中心。夜莺和树木有道德价值仅仅是因为它们给人类带来快乐。

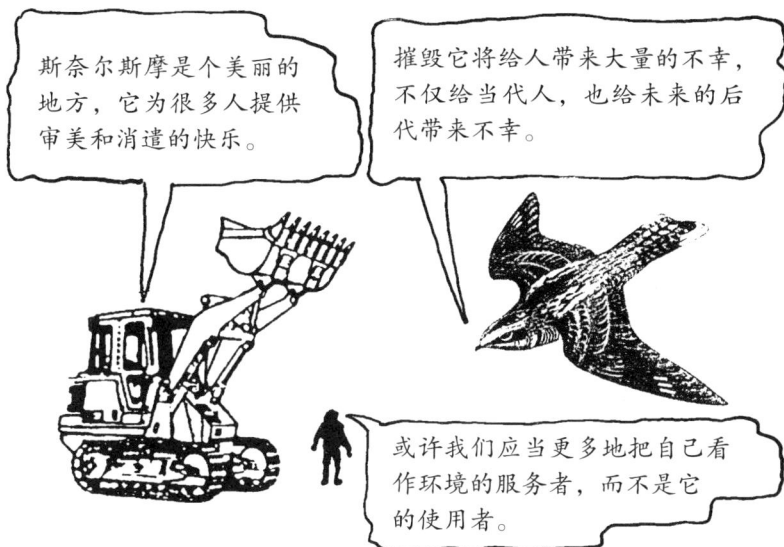

斯奈尔斯摩是个美丽的地方，它为很多人提供审美和消遣的快乐。

摧毁它将给人带来大量的不幸，不仅给当代人，也给未来的后代带来不幸。

或许我们应当更多地把自己看作环境的服务者，而不是它的使用者。

另一种伦理学环境论证允许夜莺和獾追求它们自己"利益"的道德权利，而如果它们的栖居地被摧毁，它们就无法再追求自己的利益了。这可以被称为"开明的功利主义"论证，它认识到那些物种上与我们不同的有知觉和意识的生命具有内在价值。这个论证会强调为什么动物的栖居地是一种**需要**，而我们人类的高速公路只是一种**欲望**。

但是像树木或岩石这样无知觉的东西又怎么样呢？一种极端开明和相当非正统的功利主义可能宣称树也有"利益"——它们需要一种让自己繁盛和健康的环境，而任何对当地环境的污染都会摧毁或破坏它。

然而，对于许多哲学家来说，在这一点上，功利主义式的道德论证似乎不成功。

很难看出，如果树木和岩石没有办法"经验"到世界，它们怎么能有"利益"。

整体论伦理学

一个功利主义者把植物甚至土壤、岩石和水纳入道德范围毫无问题，但是实际上只是因为他们所支持的感性生活形式。一种整体论伦理学会在非常不同的基础上赋予岩石树木这样非感性的东西以道德重要性，其方式是引证它们的"多样性"、"互联性"和"生态丰富性"的内在价值，所有这些价值都不依赖它们对我们或其他感性生命的效用。

或许理解这种伦理学的一种方式就是想象不理解它会有什么后果。

想一想，如果我们的星球最终退化成一系列单调巨大的混凝土城市，仅由强化耕作的、单一栽培的集体农业综合企业联结起来，那在审美上将是多么糟糕。

没有雨林，没有丛林，除那些作为人类食物来源而养殖的动物之外，没有其他动物。

造成这样一个星球，既是不可想象的，也是邪恶的。或许，作为全面的人类，我们需要天然原野，让我们能偶尔逃离除了其他人类之外什么也看不到的人造环境。

我们不是局外人

传统功利主义论证不能提供道德答案，对于某些人来说，这暗示着我们需要一个更复杂的新型生态伦理学，它在根本上是更加"整体论的"。我们掌握这种新型伦理学将是困难的，因为它要求相当的努力去想象，并且要求我们准备为了某种长远的和更宏大的东西而拒绝我们眼前的物质欲望。传统伦理学作为一种不可避免的以人类为中心的活动，对此无法解释。就我们所知，这种伦理学不将夜莺和树木考虑在内。

但是这不意味着人类必须永远无情地在道德上凌驾于其他生命形式之上。

长期以来，我们人类做起事来就好像我们"外在于"我们的生态环境似的……这个信念常常受到哲学家的鼓励。

但是我们并非"置身于外"。我们需要一种伦理学，它能够或者甚至迫使我们认同整个自然界，我们只是自然界的一部分。

我们是一个复杂的生物圈的一员，保护而非威胁它的稳定、健康和完整符合我们的利益。

环境伦理学将不得不强调为什么我们必须把自己看作是这个星球的产物或者伙伴，而不是控制者和开发者。

詹姆斯·洛夫洛克现在很有名的"盖娅"（Gaia）假说讲到，我们所生存的星球，其自身是一个巨大的、无情地自我调节着的生物有机体。这意味着它根本不承诺保护人类的生活。因此，让我们的行星主人相信我们作为对环境有良心的宿客是值得被留下的，这可能非常符合我们自身的利益。

伦理学与动物

贬低动物的哲学家

在斯奈尔斯摩公地和其他地方的动物，是能运动、有知觉的有机体——一个包括从阿米巴虫到黑猩猩的所有东西的类别。我们食用它们，把它们用作无偿的劳力，作为运输、娱乐和实验的工具。大多数哲学家不给它们任何帮助。亚里士多德认为动物的行为经常与人酷似……

> 但是它们并不真的在"做"这些事，因为在它们的所作所为"背后"并没有思想。

笛卡尔主张动物是机器，既不能思考也不能感受痛苦。

康德认为残酷对待动物是错误的。

> 一只动物痛苦地尖叫就像一只鸣响的钟。

> 仅仅是因为这种残酷会使个体变得残忍，结果会使他们也残酷地对待人类。

维特根斯坦主张没有某种语言，思考是不可能的。

> 所以动物不可能是"有意识的"。

动物权利

许多动物活动家认为动物有必须受到尊重的道德权利或自然权利。"权利话语"通常被弱者用来防卫强者。"弱者"可以是与威权政府作斗争的普通公民，防卫有敌意的多数派的少数派，或者，在这个事例中，是希望动物不再受到错误对待的动物保护者。道德或法律权利往往由背后的契约学说来支持。如果政府不是专制的，公民会同意服从合理的政府法律。

因而双方都获得受益的权利和强制的义务。

但动物不可能立下契约。

因为一头大象不可能清楚地用言辞表述它的利益是什么，因此它没有权利。

"权利话语"似乎对动物没有多大帮助。

我们能证明动物具有权利吗？

绕开这个"权利与契约"问题的努力已经出现。你可以说捍卫动物的人代表它们立下了契约——就像成年人代表不会说话、尚未成熟的婴儿。你可以宣称动物有内在权利，但证明这一点相当困难。你可以宣称这样的权利对任何理性存在者都是直觉上自明的——这种宣称很可能遭到所有排笼养鸡农夫的反对。更有说服力的方式是，你可以做出目的论的宣称，动物具有某种功能，它们对之拥有权利。

这个论证宣称功能和权利有相同的意义，但它们并不真的有相同的意义。一个男人可能有使其他人类女性受孕所必需的正常器官，但这并不是给他这么做的权利。

功利主义论证

总的来说，最好抛弃所有的道德和自然"权利话语"。法定权利更容易捍卫，就是因为我们确切地知道我们指的是什么。在獾拥有某些最低限度权利的情形中，用狗把獾撕成碎片要么是非法的，要么不是。獾实际上在法律中是否得到了足够的保护是另外一个问题。

捍卫动物的另一个哲学方式是功利主义论证。如我们现在所知，功利主义赞同产生最大多数人的最大幸福。

> 动物似乎不大可能体验到我们能体验到的那种复杂的幸福……

> ……它们肯定有对它们的生存至关重要的需要。

> 你并非只是一只猎狗。

> 还听说我们可以有欲望和利益——例如实现我们的自然本能。

让它的需要、欲望和利益得到满足，很可能让一只动物以它自己的方式获得幸福。

动物与痛苦

我们不能证明动物经验到痛苦，但我们也不能证明除了我们自己之外的其他人经验到痛苦。然而，如果他们经验不到痛苦，我们会非常吃惊。

动物们还发出表示痛苦的声音，并且它们有和我们相似的神经系统……

……所以，相信它们真的感到痛苦似乎是明智的。

动物体验到的痛苦程度比敏感的人类低，这一信念也是相当可疑的。

那是某些美国人曾经使用的关于他们的黑奴的论证。

重大的功利主义突破改变了看待动物问题的方式。理性主义哲学家关于动物的推理和语言能力的论证，是试图表明它们是否拥有权利。边沁说："问题不是它们能推理吗，或者它们能说话吗，而是它们会受苦吗？"

动物不是物。它们在道德上有分量是因为它们有感觉。人类有一个陋习，拒绝公正地对待那些被毫无想象力地认作"外人"的人。对于雅典人，一切非雅典人都在道德上无足轻重。后来，一些雅典人勉强把所有说希腊语的人包容进来。

在 18 世纪，某些开明的欧洲人认为或许所有人类都应当受到平等对待。

最后，我提出，一切感性存在都应当受到某种形式的道德关怀。

对极了！

但是认为动物有与人类完全一样的道德地位的功利主义者并不多。他们通常主张人类的生活和幸福更加复杂，因而总是要优先于动物的幸福。

动物实验

一个功利主义者在决定动物实验的"对"与"错"时，有义务认识到动物苦难的现实性和严重性。每一年全世界有上百万动物在被弄瞎、焚烧、致瘫、电击、致癌、损害大脑之后杀死。

通常那里令人厌恶的行为，如果由承担特别的科学计划的白衣人来做，就能被接受。某些科学家主张，人类为了保护自己而以其他物种的痛苦为代价，总是可以允许的——即使危险是从一种新品牌的化妆品中滋生的！

某些动物活动家会宣称，动物和我们在道德上是平等的，在强征来的弱小四足动物身上做实验总是错误的。他们会指出，动物常常是人类的拙劣替代品——同时又悖论性地强调我们和许多灵长类的 DNA 有多么匹配。

有良心的科学家和某些可能的道德准则

一个心怀人类利益和动物利益的功利主义科学家可能会这么说：

证明在动物身上做实验的正当性只能靠医学理由。任何想要在动物身上做实验的科学家必须说清楚，他的研究将产生什么样的医学好处。该科学家必须向我们证明他的研究无法以其他方式进行（诸如使用人类细胞培养，人口统计调查，计算机模拟等等）。

这个科学家必须让我们确信，这个研究的好处超过了给所使用的动物所造成的痛苦（因而如果你用你的研究成果救了 100000 孩子的命，你可以证明 1000 只老鼠的死是正当的）。

这个科学家必须公开宣称，他准备对大脑损坏的婴儿做同样的实验。（这检验他是否确信他所做的事情的严肃性，以及他不是一个"物种主义者"——把动物当物件来对待。）

某些科学家会反对说，这样严厉的规则可能阻止所有"纯粹"的研究。其他人可能会说，动物为了满足人类的好奇心而被迫付出的代价太高了。

人格论证

　　"人格论证"不一样。哲学家用"人格"这个词来避免道德论证中"人"这个词所带来的歧义和混淆。当有人说一个昏迷的患者失去意识已经三年，不再是一个"人"了，他们的意思不是这个患者已经开始逐渐变成一只长颈鹿，而是他不再具有"人格"了，或者不再是一个具有生命活动的人。

"人格"由什么构成并不完全清楚。

一个医生。

要具有"人格"，一个人就必须要有理性，能使用语言，能设定目标，与他人交流，具有某种形式的自我意识和记忆，能够做出选择等等。

　　虽然我们很可能会认为某个丧失了记忆和拒绝说话的人仍然具有人格，但我们很可能认为某个完全没有这些属性的人没有人格。（或许因为他们处于晚期昏迷中。）

黑猩猩有人格吗?

　　运用这样的标准，我们会认为虚构的 E.T. 具有人格，即使 E.T. 显然不是人类。更重要的是许多人会把某些高级灵长类动物——类人猿、鲸、海豚和其他动物——包括进来。有许多证据表明，某些类人猿有自我意识，有理性，有计划，甚至以某种非常有限的方式使用语言。

> 这意味着大猩猩和黑猩猩有人格——

> ——把它们用于实验等于使用具有类似能力水平的人类……比如说，4 岁的孩子!

　　如果我们强调这一事实，即作为人类，我们与动物的不同只是在程度上，而不是在种类上，那么，对于我们和它们的关系，很可能有另外一套态度。现在有一个强大的运动，要求因为这些理由而给类人猿以完全的人权。

伦理学与安乐死

考克斯医生和博伊斯夫人的案例

1992 年，奈杰尔·考克斯因终结莉莲·博伊斯的生命而被送上法庭。博伊斯夫人是他的一个患者和 30 年的好朋友。

> 她饱受严重关节炎疼痛的折磨。死前五天，博伊斯夫人要求我通过终结她的生命来让她不再受苦。

考克斯医生试图通过给她大剂量的海洛因来做到这一点，但这看起来使她经受的痛苦更加严重。最终他给她注射了一针氯化钾，这一针很可能最终杀死了她。她的儿子也同意考克斯医生的做法，并且相信他"满怀关切和同情地照料我的母亲"。

庭审

考克斯医生被逮捕，并被指控谋杀。在他的庭审结束时，法官奥格纳尔告诉他……

> 你所做的事情不仅是犯罪，而且完全背叛了你作为医生的明确职责。

考克斯医生被判处 12 个月的缓刑。然而他没有被医学总会取消医师资格，并且继续行医。他仍然认为他对博伊斯夫人做了正确的事情。

> 这是唯一真正对博伊斯夫人有利的行为。我因为在一个相当不同寻常的环境下尽了我的全力而被判刑，这似乎有些严苛。

考克斯医生显然做了某种不合法的事情，但他所做的事在道德上错了吗？

安乐死可接受吗？

　　这个现在非常著名的法律案例展示了安乐死的伦理困境的某些主要特征——制造一种平静而容易的死亡，特别是在不可治愈而又痛苦的疾病情形中。在英国，自杀不再是非法的，但安乐死是非法的，首先是因为它涉及不止一个人——通常是近亲属和 / 或医学行业成员。在这个问题上，观点的差别很大。

我认为永远不应该允许安乐死……

……除非那是处于巨大痛苦中的绝症患者所要求的。

……为什么不？如果患者处于痛苦中但并非垂死呢？

……如果它是某个希望安乐死的人要求的呢，或许因为他瘫痪了……

……如果一个患者处于永久失去意识一年并且没有恢复的迹象，应该允许被安乐死。

　　大多数人尊重生命，但同时想要帮助一切处于严重痛苦中的人。不存在容易的回答。

对于医生、患者和许多其他被牵涉的人，安乐死是严重的道德困境。很少有人真的认为所有永久昏迷的人必须永远靠机器维持生命（虽然某些人这样认为），并且很少有人相信一个患者必须尽可能长久地忍受惊人的痛苦（虽然有些人这样认为）。某些医生和哲学家会说他们的工作是拯救和保存生命而不是剥夺生命。

我们相信一个走进医院的患者必须完全信任医务人员。

你会喜欢由一个你知道曾出于好意而杀死过他的某些患者的医生来治疗吗？

然而，如果你知道这是完全放弃安乐死的一个很好的理由，你会对此不安吗？

如果你知道医院里的医生永远不会同意给你安乐死，即使你处于强烈的痛苦中，你作何感受？

反对安乐死的论证

反对安乐死的论证相当有力。许多人相信存在着某种内在邪恶的东西与杀人相关。有些人宣称生命是"神圣"的,只有神或自然才有权取走它。而"滑坡"(slippery slope)论证强化了这一观点。

一旦人的生命被看作是可以任意处置的或低贱的,那么文明的道德价值就受到巨大威胁。

反论证

　　其他人论证说，安乐死是"容易的出路"。它可能阻碍对缓解疼痛、治疗癌症之类的研究。有些人论证说如果要求医生和护士杀人，他们就会变得冷酷或者心理受损，因而导致其他患者会害怕他们。

支持某种形式的安乐死的人论证说，是纳粹的种族净化学说导致了死亡集中营，而不是允许安乐死的法律。

如果有可以清楚地加以理解的规则，像荷兰医生现在遵循的"鹿特丹规则"那样，那么就不可能有滑坡。

安乐死会自动妨碍医学研究的说法似乎也很奇怪。

昏迷的患者

对于**非自愿**安乐死，其中的麻烦在于需要医生、亲属和其他人来代表无意识的人或新生儿做决定——他们都没有选择的能力。

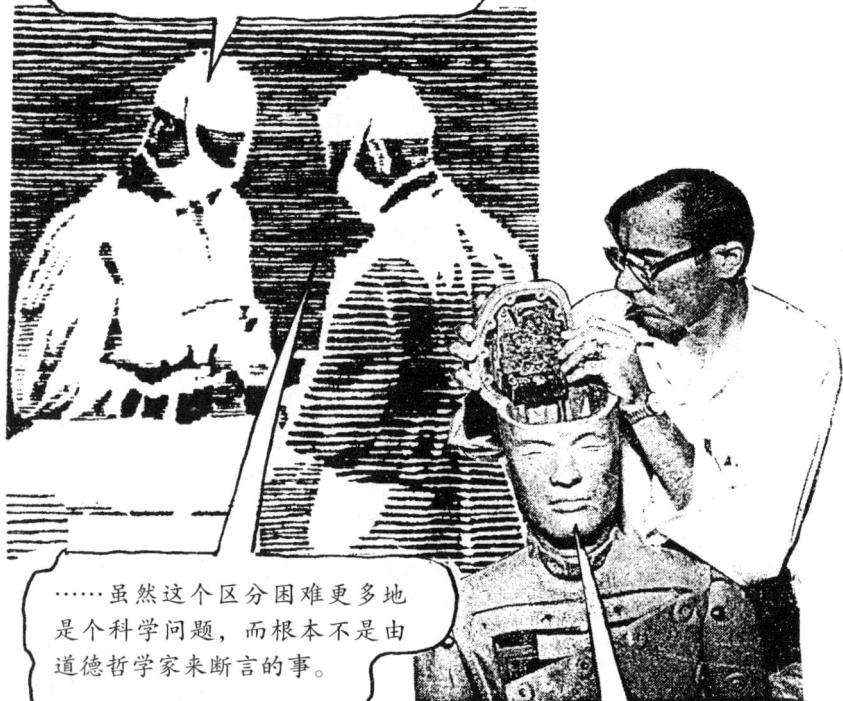

在这些例子中，哲学家有时会力图区分某个人"有生命"和"活着"——生命和生物之间的差异。其他哲学家喜欢谈论"人格"。

你可以试着运用功利主义的痛苦与快乐的"总额"的原则来决定做什么。然而，对于康复机会甚微的昏迷患者，关于痛苦与快乐标准的功利主义考虑似乎是不适用了。

所以，你必须评估的不是受害者未来的痛苦与快乐，而是问他们是否仍然具有"人格"，可以过"值得过的生活"。

这里显然存在着大问题：你如何能定义"人格"和"值得过的生活"这样的模糊标准——谁有权利做决定？

让自然主宰它的进程

作为与不作为学说常常被用于这些情况。

作为与不作为方针是一个法律区分而不是道德区分。对一个溺水的人熟视无睹并不比主动淹死他更道德。是主动杀死一个处于严重痛苦中的人不道德，还是停止治疗让他们慢慢死去更不道德，可能常常同样不清楚，但后面这种做法至少会让医生免于上法庭。

让患者决定

　　自愿安乐死是指患者有充分的意识，并能够请求结束他或她自己的生命。

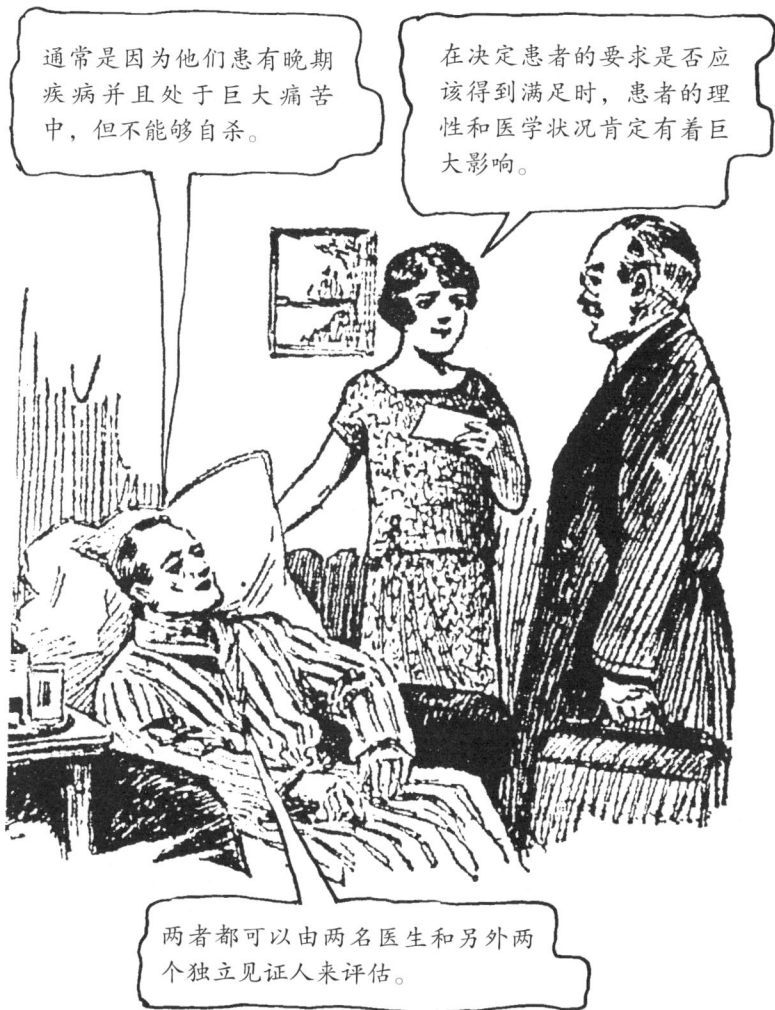

通常是因为他们患有晚期疾病并且处于巨大痛苦中，但不能够自杀。

在决定患者的要求是否应该得到满足时，患者的理性和医学状况肯定有着巨大影响。

两者都可以由两名医生和另外两个独立见证人来评估。

哲学家怎么说？

康德

康德和他的追随者在此给出了冲突的建议。一个反对从道德上宽容那些选择自杀者的康德主义医生，可能会发现很难否定患者决定他／她自己命运的自由选择权：康德赋予自律很高的价值。他认为自杀是错误的，虽然他反对它的论证不是很令人信服。

> 普遍地允许安乐死会摧毁我们对人类生命的内在价值的理解。

但是一些现代哲学家不同意：他们论证说，在康德主义的基础上，安乐死仍然可以在道德上被接受。

> 如果我们只是允许为数极少的痛苦中的重病人选择安乐死，这不会摧毁每个人心中的"安乐死"或"生命"概念，正如康德所宣称的。

> 所以，在为数很少的罕见例子中允许安乐死，这并不是"不理性"或不道德的。

功利主义者

约翰·斯图亚特·密尔也强调，只要没有造成其他人的痛苦，允许个体自由选择如何对待自己的生命非常重要。对于功利主义者来说，这个"自由论证"是个非常强的论证。

功利主义似乎为澄清安乐死的问题 —— 即使不是为解决安乐死问题 —— 提供了最多的帮助。功利主义者会非常谨慎地思考安乐死带给患者和他的亲属朋友的后果，带给医学行业及其在一般公众中声誉上的后果。

一个要决定是否允许安乐死的功利主义医生将会进入一个危险的领域。

患者未来的幸福非常难以衡量……

……虽然一个好的医生很可能能够很好地预测一个晚期癌症患者将经受多大的"幸福"和痛苦。

想象一下一个必须与处于巨大痛苦中的人谈话的功利主义医生所面对的困难……

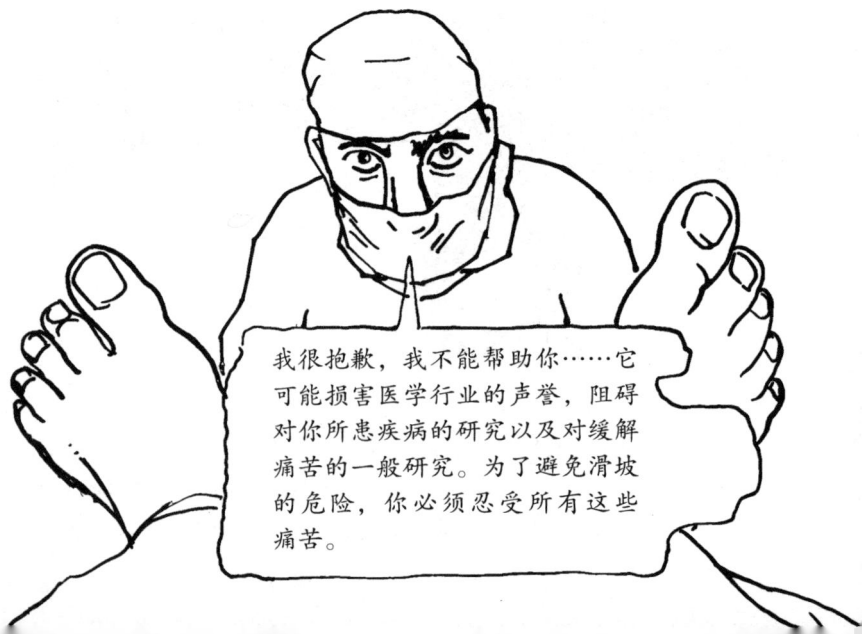

我很抱歉，我不能帮助你……它可能损害医学行业的声誉，阻碍对你所患疾病的研究以及对缓解痛苦的一般研究。为了避免滑坡的危险，你必须忍受所有这些痛苦。

德性伦理学再出场

对于"德性理论"和它可能怎样帮助我们做出道德决定，安乐死是一个很好的案例。正是因为功利主义者和康德主义者在类似的境遇中所提出的表面看似是冲突的建议，使得某些哲学家提出，安乐死是不能通过诉诸伦理学"体系"来解决的。

或许我们应该做的是问一个"好人"会做什么，或者一个晚期病人有何种功能或目标。

这样一种进路是境遇主义的和相对的——每个个案将按它自身的情况来判断。

根据患者、医生和其他人的情况，在某些个案中，安乐死是可接受的，而在另一些个案中不可接受——所有人都在清楚的方针指导下发挥他们自己的判断。

法律如何涉入这样的安排，非常难于设想，这使得有些亚里士多德主义者提出，或许安乐死就是某种法律根本不应该涉及的事情。人们想知道考克斯医生会怎么说。

我们的结论是什么？

伦理学是困难的，很可能将一直如此。它可以部分地从人性导出——即使人性大部分只是一个有用的虚构。当有清楚的证据表明，关于我们应该如何对待他人的信念是千差万别的，通常的努力都是使伦理学具有客观性和普遍性。

> 较老的伦理学说并没有死亡或逝去。

> 某些哲学家仍然相信道德与幸福的产生和分配相关。

> 对于分析和评价（如果不是解决）复杂的实际道德问题，功利主义仍然是一个有用的体系。

其他道德哲学，例如康德，有道德意味着理性和一致地行事。"德性伦理学"的复归也许有助于避免另外这两种学说的某些不受欢迎的后果，但是对于"对境遇敏感"的个体如何做出一致而尽责的决定，它本身的模糊性令人为难。

后现代主义加速了我们的认识论上的危机。对于任何人类知识的确定性，特别是关于人类自身知识的确定性，现在都很难有信心了。我们看起来几乎不可能发现普遍而客观的道德真理。发现这种真理的可能性看起来还不如发现宇宙大爆炸之前发生了什么的可能性大。

关于卑微的灵长类能够发现这样的形而上学实体的信念，现在看来是傲慢、危险和相当奇怪的。

但是这种有见识的怀疑论可以是一件积极的事情。

它会让我们怀疑魅力超凡的权威，煽动性的政治领袖，以及所有那些宣称和道德真理有热线联系的人。

因为我们只能试探性地小步迈向某种形式的有限而主观的人类道德进步，但这并不意味着这样的事情是不可能的。

作为一个物种，我们曾经拥有而且仍然拥有出色的发明创造力和冒险精神。但是，尽管我们有微波炉和电脑（本书初版于1997年。——编注），我们仍然处于道德发展的非常原始的阶段。后现代主义很可能摧毁了道德确定性，但吊诡的是，正是这种解构可以帮助我们取得道德进步。

历代以来对道德、宗教和政治确定性的无情追求，已经摧毁了百万人的生命，而且还会再次这样做。

或许，如果我们放弃对道德确定性的追求，这样我们就能致力于不那么野心勃勃的计划……

……例如努力去发现如何促进给自己的成员提供多样而有益的生活的道德和谐社会。

这可能意味着我们最终要生活在较小的、伦理自治的"部族"中，或较大的、健康的多元主义的开放社会中。

最近宇宙学家已经提出了一个名为"人择原理"的观念。这个原理认为，在可能的宇宙和计划中，我们这个宇宙的特定构成使得人类生命能够成功地进化。如果这是真的，那么我们人类幸运得不可思议，使我们极其偶然地生存下来。

现在我们自己是我们的生存的最大威胁。

借着无知的自私和毁灭性技术的结合，我们可以非常容易地摧毁我们自己和我们的星球。

我们不过是有限地掌握了"知识"的人类，而且是以一系列不可靠的知觉和概念来获得这些知识的。如果我们能面对这一事实，那么我们或许有希望。但是我们可以变得更有道德意识。作为一个物种，如果我们没有做到，我们就不会获得成功。

伦理学肯定仍然是值得追求的东西。

延伸阅读

关于伦理学的书籍非常之多。本书直接参考了这些文本：

柏拉图的《理想国》；卡尔·波普尔的《开放社会及其敌人》；亚里士多德的《尼各马可伦理学》；霍布斯的《利维坦》；卢梭的《爱弥儿》；马基雅维利的《君主论》；约翰·斯图亚特·密尔的《功利主义》和《论自由》；康德的《道德法则》；休谟的《人性论》；A. J. 艾耶尔的《语言、真理与逻辑》（ *Language, Truth and Logic* ）；R. 黑尔的《道德语言》（ *The Language of Morals* ）；让 – 保罗·萨特的《存在主义与人道主义》；J. 罗尔斯的《正义论》；A. 麦金泰尔的《追寻德性》（ *After Virtue* ）；M. 努斯鲍姆的《爱的知识》（ *Love's Knowledge* ）；Z. 鲍曼的《后现代性的暗示》（ *Intimations of Postmodernity* ）。

有关伦理学的一些非常有用的且好的一般介绍性书籍是：《伦理学之谜》（ *The Puzzle of Ethics* ），保罗·瓦迪和保罗·格洛什（ 哈珀 – 柯林斯，1994)；《道德哲学》（ *Moral Philosophy* ），D. D. 拉斐尔（ 牛津，1981)；《道德原则和社会价值》（ *Moral Principles and Social Values*)，J. 特拉斯特德（ 劳特里奇 1987)；《伦理学简史》（ *A Short History of Ethics*)，A. 麦金泰尔（ 劳特里奇 1967)；《伦理学》（ *Moral Philosophy*)，J. L. 麦基（ 企鹅 1977)。

一本不"哲学"但非常有趣的书是：

《七种人性理论》（ *Seven Theories of Human Nature*)，L. 史蒂文森（ 牛津 1974)。

有许多关于古希腊哲学的书，像：《柏拉图》（ *Plato*)，尼古拉斯·帕帕斯（劳特里奇 1995）；《柏拉图的〈理想国〉》（*Plato's Republic*），R. 克罗斯和 A. D. 伍兹里（麦克米伦 1979）；《哲学家亚里士多德》（*Aristotle the Philosopher*），J. 阿克里尔（牛津 1981）；《亚里士多德的伦理学》（*Aristotle's Ethics*），J. 乌姆森（布莱克威尔 1988）；《亚里士多德的伦理学理论》（*Aristotle's Ethical Theory*），W. 哈迪（牛津 过去的大师们 1984）。

对这些问题有两部较短且无需花费太多时间阅读的介绍是：

《柏拉图》（*Plato*），R. 黑尔（牛津 过去的大师们 1984）；《亚里士多德》（*Aristotle*），J. 巴恩斯（牛津 过去的大师们 1982）。

一部对密尔、康德和萨特的很好的介绍是：

《三个道德哲学家》（*Three Philosophical Moralists*），G. 科内（牛津 1990）。

康德道德哲学的最简短也最清晰的指南仍然是《康德的道德哲学》的（*Kant's Moral Philosophy*），H. B. 阿克森（麦克米伦 1970）。另一本非常清晰的书是《康德伦理学引论》（*An Introduction to Kant's Ethics*），R. 沙利文（剑桥 1994）。

对更具理论性的有关现代道德哲学的清晰但并不简单的介绍是：《现代道德哲学》（*Modern Moral Philosophy*），W. D. 哈德森（麦克米伦 1983）；《当代道德哲学》（*Contemporary Philosophy*），G. J. 沃诺克（麦克米伦 1967）。

非常好的从一般功利主义观点对应用伦理学的介绍是：《实践伦理学》（*Practical Ethics*），P. 辛格（牛津 1993）；《应用伦理学》（*Applied Ethics*），P. 辛格（牛津 1986）；

对功利主义哲学的一个非常好的辩证性介绍是《**功利主义：赞成与反对**》(*Utilitarianism：For and Against*)，J. J. 斯玛特和 B. 威廉姆斯（剑桥 1973）。对政治哲学最透彻和迷人的介绍是两卷本的《**人与社会**》(*Man and Society*)，J. 普拉梅纳茨（朗文 1992）；一个简短而有趣的介绍是论文集《**政治的观念**》(*Political Ideas*)，D. 托马斯编（企鹅 1990）。

对最晚近的道德和政治理论的清晰解释是《**现代政治哲学**》(*Modern Political Philosophy*)，A. 布朗（企鹅 1986）;《**政治思想家**》(*Political Thinkers*)，D. 马斯卡姆编（麦克米伦 1986）;《**公共道德与私人道德**》(*Public and Private Morality*)，S. 哈姆希尔编（剑桥 1978）。

关于政治伦理学的其他书有：《**动物以及它们为什么重要**》(*Animals and Why They Matter*)，M. 米奇利（企鹅 1983）;《**动物解放**》(*Animal Liberation*)，P. 辛格（凯普 1976）;《**致死与救命**》(*Causing Death and Saving Lives*)，J. 格洛弗（企鹅 1972）。

关于各种历史、理论和实践伦理学主题的最晚近和最好的文集是：《**伦理学指南**》(*A Companion to Ethics*)，P. 辛格编（布莱克威尔 1993）。

《**今日哲学**》(*Philosophy Now*) 是一本优秀、有趣并且易于得到的杂志，按季出版，经常涉及当代道德争端。可以从伊普斯威奇市布朗福德路 226 号得到。

致谢

我愿意提到，《**伦理学指南**》对本作者特别有用，虽然，毫不令人奇怪，并非这本文集中表达的每一个观点我都同意。我还想感谢我的伴侣朱迪思以及所有那些被迫阅读我的原始手稿的朋友对我表现出的异乎寻常的耐心。我总是感谢我的朋友，因为他们令我欢笑，并让我有了本书中的某些为数极少的原创思想。我也对克里斯·盖拉特满怀敬意，他使这本书比原来更有乐趣。也感谢我的编辑理查德·阿皮尼亚内西，他耐心地提醒我逗号的用法。最后，我要感谢 R. F. 阿特金森教授在伦理哲学上对我的正式和非正式的教导。我向每一个人推荐，在读完本书后去读他的书《**行为举止：道德哲学导论**》(麦克米伦 1969)。

美术助理

黛安·道尔顿　　索菲·盖拉特　　邓肯·西斯

索引